Patrice Lajoye

Charmes et incantations

Patrice Lajoye

Charmes et incantations

Biélorussie – Russie – Ukraine

préface de

Jacques E. Merceron

LINGVA

Collection
« Histoire – mythes - folklore »

2015
Mikhaïl Dragomanov et Lydia Dragomanova
Travaux sur le folklore slave,
suivi de Légendes chrétiennes de l'Ukraine
Viktoriya et Patrice Lajoye
Sadko et autres chants mythologiques des Slaves de l'Est
Patrice Lajoye
Perun, dieu slave de l'orage

2017
Patrice Lajoye
Fils de l'orage. Un modèle eurasiatique de héros ?

La mythologie au cœur du charme

Voici un petit livre propre à réenchanter le monde. J'ai d'abord abordé ces charmes slaves à la façon d'un voyageur innocent débarqué sur une île inconnue, merveilleuse, remplie de trésors, puis comme un naturaliste qui chercherait à repérer et répertorier les diverses espèces animales et végétales en présence. Il sera donc ici question de *charme slave*, mais qu'on ne s'y trompe pas : il ne s'agira pas « du » charme slave, de cette notion presqu'aussi galvaudée et éculée que la trop fameuse *âme slave*. Écartons aussi d'emblée, en français, les affadissements du langage de tous les jours : « Ce fut une *charmante* soirée… », « *Enchanté* de vous connaître… ». Qui d'entre nous n'a déjà entendu, voire prononcé, ces formules de politesse largement décolorées ?

Les mots de cette famille cependant regagnent quelques couleurs et une vigueur certaine lorsqu'il est question de « *tomber sous le charme de* quelqu'un ou de quelque chose » ou « *succomber au charme de…* ». Ainsi se fait jour l'idée que, de l'incantation à l'enchantement, l'individu ne s'appartient plus vraiment, qu'une puissance supérieure est à l'œuvre, puissance qui ravit ; *on tombe sous le charme*, pour le meilleur et pour le pire, presque comme l'*on tombe amoureux* ou comme l'*on tombe malade*.

Dans un sens étymologique et technique plus restreint, le charme (lat. *carmen*) et l'incantation (lat. *incantatio*) ont d'abord affaire avec le chant, la voix, une voix qui doit imposer sa volonté à une puissance surnaturelle qui la dépasse afin de la mettre à son service ou de la juguler[1]. Les raisons pour

---

[1] La parole arrête ou déclenche les tourbillons de vent dans les charmes n°s 21 et 22.

prononcer un charme sont multiples, qu'il s'agisse d'éloigner le Mal ou la souffrance (n° 18), de guérir une maladie (n°s 23, 34), de se protéger des morsures de serpents (n°s 5, 7, 36, 37) ou bien au contraire d'attirer des maux ou la malédiction sur un ennemi (n° 35) ou sur un rival amoureux (n° 48), ou bien encore d'entraver *a posteriori* (n° 31) ou *a priori* (n° 32) un tel acte maléfique par un contre-charme.

Mais les dieux, les esprits, les génies topiques ou même les saints étant des êtres susceptibles, il convient de les aborder avec prudence (car « qui peut le bien peut le mal »). C'est pourquoi « il faut y mettre les formes » : on ne s'adresse pas à eux comme on s'adresserait à quidam ou même à un voisin. C'est également pourquoi les charmes et incantations sont aussi des formules, des déclarations énoncées dans un certain moule narratif (oral ou écrit) qui doit être respecté (même si l'on note, bien sûr, des variantes). Le charme ou l'incantation[2] est en effet d'abord une voix qui vient de loin, un héritage qui se transmet à mots plus ou moins couverts, tout en subissant des évolutions, notamment quand le contexte religieux ou idéologique est renouvelé. Ce style formulaire, qui facilite en outre la rétention mémorielle, comporte des énoncés marquant des récurrences ou des crescendos qui contribuent à donner un aspect et une force litaniques à la parole vive : « *sort par la porte des portes, le porche des porches, le portail des portails* » (n° 27), « *je vais de la porte à la porte, du portail au portail* » (n° 38), « *je ne vais pas de la porte à la porte, du portail au portail des jeunes mariés* » (n° 48) (v. aussi n°s 33, 35, 42, 51).

Mais la parole envoûtante n'est pas le tout des formules incantatoires. On verra au fil de l'ouvrage de Patrice Lajoye que bon nombre de celles-ci s'accompagnent aussi de rituels comportant des gestes précis à caractère magique ou sacré

---

[2]   Ces deux termes sont quasiment synonymes selon Edina Bozoky, 2003, p. 34-36.

(circumambulations, inclinations, etc.), des déplacements, voire des offrandes (bougies, grouse, œuf, tourte au fromage, etc.). Dans certains cas, ces gestes sont à effectuer par l'opérateur selon un calendrier précis (n°s 28, 29) ou selon des orientations spatiales déterminées (n°s 9, 27). On relève même parfois des séquences alternées de gestes et de paroles (n°s 28, 29, 45, 46). Dans les cas les plus complets, la « situation d'incantation globale » comporte une phase d'ouverture, une phase centrale et une phase de clôture. Toutes ces prescriptions font que souvent, mais pas toujours, les charmes et incantations sont prononcés par des spécialistes, hommes et femmes, qui entretiennent des rapports privilégiés avec les diverses puissances surnaturelles. Souvent, la situation incantatoire peut mobiliser ou mettre en jeu trois ou quatre entités : l'enchanteur ou l'enchanteresse (guérisseur, contre-sorcier, etc.), le malade ou le bénéficiaire du rite, l'entité maléfique (maladie, Mal personnifié, sorcier) et l'entité bénéfique chargé de la combattre.

J'ai parlé de mon dépaysement de non spécialiste de mythologie slave : j'y reviens. Ce qui, au premier abord frappe dans ces charmes et incantations des Slaves ici traduits et commentés par Patrice Lajoye, c'est leur fascinante étrangeté. Tout d'abord l'étrangeté des noms et des évocations, comme avec cette omniprésente et mystérieuse pierre *Latyr*, *Alatyr* ou *Otlater*, pierre blanche, combustible ou brûlante[3], souvent située dans la mer, sur une île (Bouyane), parfois sous un bosquet, parfois siège ou nid d'un être tout aussi énigmatique (tsarine Elina, jeune femme à deux têtes, serpente Skarpiya, fille avec une massue de fer, brochet en fer[4]) (n°s 1, 3, 4, 7, 11, 27, 31, 33, 34, 41, 43, 51). Non moins fascinantes sont les

---

[3] C'est peut-être cette même pierre blanche qui, au n° 52, devient écarlate quand elle entre en combustion.

[4] Sous l'effet de la christianisation, on y trouve aussi le prophète Élie et les anges célestes (n° 33).

triades de sœurs-arbres liées à trois rivières (n° 8) qui semblent faire écho aux trois rivières dont « la plus sage » dialogue avec le « Je » énonciateur du charme n° 51 ; cette dernière, à son tour, semble correspondre à la troisième des « aubes » : « *La troisième est Sofia, de toutes la plus sage* » (n° 10). Ces trois aubes, « trois sœurs au ciel » sont des protectrices et consolatrices des enfants ; elles interviennent aussi dans des charmes amoureux (n° 11) ou recousent des blessures (n° 30).

Mais cette étrangeté n'est pas complètement indéfinissable ; elle n'est surtout pas l'effet du hasard et encore moins d'une « écriture automatique » : elle s'appuie sur un certain nombre de procédés rhétoriques et narratifs. Parmi ceux-ci, on peut citer ce que l'on pourrait appeler « l'énoncé à emboîtement spatial » : le charme n° 49 débute par l'évocation grandiose de la mer bleue Océan, puis se focalise sur une île, et sur cette île sur une église dite « du pape de Rome » et dans ce sanctuaire une jeune fille détentrice d'aiguilles et de fil de soie. Ce procédé de concentration progressive[5], cette « mise en scène » parvient à conférer une dimension cosmologique à un acte de chirurgie somme toute très banal : la suture d'une plaie sanglante. Mais la banalité s'efface bien vite, car notre chirurgienne a le pouvoir de commander au sang de s'arrêter...

Par ailleurs, dans certains charmes, les objets ou les éléments les plus disparates semblent s'attirer, poussés l'un vers l'autre par une mystérieuse force d'aimantation : dans le n° 14, la lune, le poisson-baleine et le chêne sont trois frères : leur réunion à la fin du monde produira une rage de dents ! La progression narrative d'un charme pour susciter l'amour chez un homme (n° 52) fait songer à un tableau de Magritte ou mieux à un film surréaliste sur l'Amour fou : sur la mer bleue, sur une pierre écarlate, une planche ; et sur cette planche, l'angoisse ; celle-ci est sommée par la requérante de pénétrer le cœur d'un rebelle à

---

[5] Même procédé notamment dans les charmes n°ˢ 1 et 4.

l'amour, de le tarauder, de le faire languir, de le dessécher jusqu'à ce qu'il s'avoue vaincu (v. aussi les n°s 38, 43).

En général, le charme est d'autant plus puissant qu'il conserve un noyau insécable et insondable de mystère : au-delà des procédés rhétoriques et narratifs, les mots choisis, très simples en général, sont là pour susciter des images fortes dont les enchaînements obligent à suspendre le raisonnement. Tel est, par exemple, le cas du charme d'amour n°42 avec ses « *77 poêles en cuivre brillant chauffés au rouge, et sur chacun de ces 77 poêles en cuivre brillant chauffés au rouge, il y a 77 Egi-Babas. Ces 77 Egi-Babas ont 77 filles chacune, et ces 77 filles ont 77 bâtons de marche et 77 balais chacune.* » Ce déferlement numérique offre peu de prise à la raison, même si, dans certains cas, les recherches érudites des spécialistes de mythologie slave et des comparatistes peuvent venir jeter quelque lumière sur de tels tableaux déconcertants. Mais pour les opérateurs et les utilisateurs des charmes et des incantations, l'énigme joue autant que l'imprécation pour forcer le Mal à battre en retraite ou à contraindre l'être qui se dérobe à l'amour.

Le charme est à la fois enchanteur, résistant au sens, formulaire et rhétorique. Par ces deux derniers traits, il contient donc une forte dose de matériel récurrent, notamment cosmologique et mythologique, mais il n'est jamais complètement figé ni dans son énonciation et ni dans son idéologie. Si, en l'occurrence, la mythologie du paganisme slave l'informe en profondeur, la lecture confirmera que ce matériel a subi l'influence du christianisme : on y relève la présence des saints Georges (Egor) (n°s 27, 28, 29, 36) et Nicolas (n° 34), du prophète Élie aux aspects tout de même de dieu de l'orage (n° 33), du diable (n°s 24, 25, 48), de Jésus (n°s 34, 45, 51) / Dieu (n°s 51, 52), de Marie (n°s 40, 45, 51), de la Trinité (n°s 41, 47) et des anges (n°s 26, 33), mais aussi des mentions du « Pape de Rome » (n°s 16, 49), de la croix ou du signe de croix (n°s 7, 33, 43, 51) et des *amen* (n°s 50, 52). La *pierre Latyr* déjà mentionnée, pierre au substrat mythologique païen, a quant à elle manifestement subi une diabolisation dans le charme n° 48 : « *Et dans le marais diabolique se trouve la blanche pierre Latyr, et sur la blanche pierre Latyr est assis Satan lui-même.* »

Un dernier point spécifique de ce recueil mérite d'être souligné. Traitant essentiellement des charmes latins et vernaculaires du Moyen Âge occidental, Edina Bozoky affirme que « De même que les recettes [médicales], les charmes spécifient leur *effet désiré*, censé être provoqué par une *action virtuelle* »[6]. Or, ce qui me frappe dans les charmes slaves ici réunis, c'est au contraire que, souvent, on ne peut préciser quel est l'effet recherché, quel est le but visé. Il faut parfois relire plusieurs fois pour trouver un fil conducteur et le fruit n'est pas même toujours au bout de l'effort. Il n'empêche ! Car de toute façon rechercher l'effet désiré du charme n'a pas été le propos central de Patrice Lajoye. Face aux problèmes de classification des charmes qui se posent aux chercheurs dans tous les pays[7], l'auteur a choisi pour sa part une voie originale : son volume est centré sur les charmes et incantations à forte imprégnation cosmologique ou mythologique, plutôt que sur la fonction de guérison ou de malédiction, mode de classement qui est l'un des plus courants. Il ne se prive pas de faire des comparaisons avec le domaine indo-européen (Celtes, Germains, Latins, etc.) afin d'éclairer tel ou tel concept ou détail.

Tout autant que les charmes et incantations des textes cunéiformes de Babylonie et d'Assyrie, tout autant que ceux des papyrus magiques de l'Égypte ancienne ou encore que

---

[6] 2003, p. 32.
[7] Plusieurs classements sont possibles et ont été expérimentés : selon le remède ou l'objet, selon la personne visée (homme, femme, enfant, animal, etc.). Aucun ne peut prétendre à embrasser la totalité du champ narratif et conceptuel abordé dans ces formules.

ceux de l'Europe occidentale[8], ces charmes et incantations en provenance du monde slave méritent d'être connus d'un large public. Par ses traductions et ses commentaires, Patrice Lajoye ouvre avec bonheur un monde nouveau au lecteur qui n'a ni la chance de posséder les langues slaves ni celle de maîtriser les arrière-plans mythologiques nécessaires.

Jacques E. Merceron

Professor of French Literature
and Civilization (emeritus)
Indiana University
(Bloomington, IN, USA)

---

[8]   Je me permets de signaler que je travaille à une compilation commentée de charmes et de conjurations françaises qui prendra sa place dans un volume intitulé *Jean qui prie et Jean qui rit.*

Les charmes : une source importante
sur la mythologie populaire

Certaines personnes de ma famille « touchent le feu » : elles pourraient arrêter les brûlures, notamment en employant une formule :

Feu du ciel,
perd tes chaleurs,
comme Judas perdit ses couleurs
Lorsqu'il trahit Jésus.

Il faut réciter ensuite trois *Notre Père* et trois *Je vous salue Marie,* puis souffler trois fois en forme de croix sur la plaie. Considérée comme un patrimoine familial, cette formule vient cependant probablement d'un livret de colportage contenant de nombreuses incantations chrétiennes, *Le Médecin des pauvres,* dont le succès fut immense durant tout le xixᵉ siècle, au point de connaître quantité d'éditions régionales. Et de fait, il n'est point besoin de mener de longues recherches pour se rendre compte que non seulement dans ma Normandie natale, mais dans toute l'Europe, et depuis l'Antiquité, l'usage d'incantations pour se soigner ou se protéger est monnaie courante.

De tout temps et partout dans le monde les hommes ont cherché à manipuler les dieux. La plupart du temps, les religions prêchent le caractère tout puissant des êtres à caractère divin : cela n'a cependant jamais empêché l'apparition de pratiques magiques, qui visent explicitement à forcer les dieux, à les contraindre de faire ce qui n'est pas prévu, par la prière, la conciliation, mais aussi par la force, à l'aide de rituels et de formules supposées manipuler les pouvoirs divins.

Ces pratiques, dans le monde antique et païen occidental, même si elles sont parfois attestées dans des temples et des sanctuaires, sont marginales, et ne relèvent pas de la religion officielle : comment accepter, par exemple, que Zeus, principal dieu des Grecs, soit tout-puissant et omniscient, et en même temps qu'on puisse le contraindre par une formule à effectuer une action ? Pourtant de l'Antiquité classique nous viennent de nombreux témoignages littéraires de pratiques magiques[9], mais aussi de nombreux paryrus d'époque hellénistique et impériale contenant bien des formules et recettes[10], et enfin de nombreuses traces archéologiques de ces pratiques, notamment des tablettes de plomb inscrites, les *tabellae defixionum,* porteuses de divers charmes et malédictions, initialement en grec, plus tardivement en latin et même en gaulois[11].

Ces formules et incantations ne sont pas restées propres au paganisme. Dès l'Antiquité, le judaïsme les a utilisées et l'on trouve parmi les papyrus magiques grecs des textes ouvertement juifs. C'est donc tout naturellement que cette pratique est passée au christianisme, même si celui-ci les condamne. Ainsi, une tablette de malédiction tardive du sanctuaire de Minerva Sulis à Bath (Grande-Bretagne), riche en documents de ce type, est adressée au voleur d'une bourse, qu'il soit païen ou chrétien (« *Seu gen(tili)s seu*

---

[9] Bernand, 1995 ; Graf, 1997 ; Tupet 2009. Voir la riche anthologie de Daniel Ogden, 2002.
[10] Les *Papyri graecae magicae (PGM)*, éd. Preisendanz et Henrichs, 1974 ; trad. anglaise Betz, 1986.
[11] Voir le recueil fondateur d'Auguste Audollent, 1904. Pour l'usage de ces tablettes dans les territoires celtiques de l'Antiquité : Lambert, 2012.

C/h(r)istianus »)[12]. Cette christianisation n'a pas touché que les pratiques d'origine gréco-romaine. Elle a permis la préservation, ne serait que dans des documents les condamnant, de pratiques similaires chez les Celtes, les Germains et les Slaves[13]. Ainsi, les attestations de pratiques magiques, qu'elles soient orales ou écrites, en Irlande ancienne et médiévale sont nombreuses[14]. En domaine germanique, l'Islande a fourni une riche documentation[15], mais on sait bien, comme on le verra plus bas, que des pratiques similaires ont existé sur le continent[16].

Pour ce qui concerne les Slaves[17], si l'on sait par quelques textes anciens qu'il a existé des sorciers, des magiciens, des guérisseurs qui ont utilisé des formules et des incantations, notre documentation s'enrichit considérablement à partir du xviie siècle : c'est en effet à cette époque que des manuscrits commencent à apparaître, et notamment un manuscrit russe découvert à Olonets, en Carélie, qui contient 150 formules diverses. Ce manuscrit n'est que le premier d'une longue série, et quand au xixe siècle les premiers folkloristes se mettent au travail, rares sont ceux qui ne parviennent pas à collecter des incantations. Un premier corpus est édité par l'historien Leonid Maïkov en 1869, riche de 372 textes variés, issus pour la plupart de publications antérieures. D'autres suivront, jusqu'au début du xxe siècle, période durant laquelle les premières études sérieuses, et notamment celles de Elena Eleonskaya, disciple de Vsevolod Miller. Curieusement, les études et publications vont

---

[12]   *Année épigraphique*, 1982, 667.
[13]   Lecouteux, 2012.
[14]   Guyonvarc'h, 1997.
[15]   Dillmann, 2006.
[16]   Voir la toute récente anthologie de Claude Lecouteux, 2016, et surtout l'essai fondamental de Edina Bozoky, 2003.
[17]   Nous nous exprimons ici principalement en ce qui concerne les Slaves de l'Est, domaine que nous connaissons le mieux, mais ces pratiques sont bien évidemment attestées et étudiées pour les Slaves de l'Ouest et du Sud.

se raréfier, sans toutefois disparaître, à partir des années 1930[18], mais les recherches sur ce sujet ont depuis repris vie, avec à nouveau de nombreuses études, dont les travaux incontournables de Tatiana Agapkina et d'Andreï Toporkov, des publications de corpus et de manuscrits anciens, notamment du manuscrit d'Olonets, en 2010[19] – un manuscrit fondamental pourtant connu depuis plus d'un siècle.

On voit cependant que du XVIIe siècle au XXe, ces incantations ne changent guère : elles sont d'une stabilité remarquable. Même si l'on en connaît des centaines de variantes, elles sont tout de même basées sur une série de lieux communs, d'expressions, de personnages qui reviennent d'un texte à l'autre.

Dans l'essentiel des cas, ces incantations, même si elles se présentent souvent en prose, peuvent être de véritables poèmes, dotés d'un rythme interne[20], d'assonances, qui trahissent la possibilité qu'elles aient été primitivement chantées. Cette structure, en tout cas, favorise largement la mémorisation, à tel point que l'on a pu noter des tournures de phrases qui se sont perpétuées à travers les siècles. Dans certaines incantations d'amour, on trouve régulièrement une phrase du type : « qu'il (elle) ne mange plus, ne boive plus, ne dorme plus… », phrase qui a pu être retrouvée dans le cadre de pratiques similaires en Allemagne, en Italie et en Espagne de la fin du Moyen Âge, mais aussi dans les papyrus magiques grecs[21].

---

[18] On peut compter cependant sur un chapitre, assez maladroit, de Rybakov 1994 (1981), p. 149-159, et, en anglais, un autre chapitre synthétique d'Ivanits, 1989, p. 83-102.
[19] Toporkov, 2010.
[20] Tolstaja, 2005.
[21] Toporkov, 2009, p. 132-139.

Une guérisseuse de la région de Riazan.
Cliché : S. A. Inikova, 2009.

Ce caractère mnémotechnique des textes n'a cependant pas empêché du tout leur mise par écrit : nombre d'entre elles, on l'a dit, ont été découvertes dans des recueils ou des cahiers. De ce fait, les incantations apparaissent aussi bien souvent comme des formulaires, avec des blancs laissés pour les noms – nom de la personne qui dit l'incantation et noms des personnes visées. En cela, elles perpétuent un usage très ancien, puisque déjà dans les papyrus grecs magiques on trouve abondamment cette façon faire. Il a été noté aussi que la tablette de malédiction sur plomb découverte récemment à Chartres a été préparée à l'avance : le texte ayant été gravé avant qu'on y ajoute certains des noms mentionnés[22]. En Europe, au Moyen Âge et à l'époque moderne, les « grimoires » signalent ces blancs par les lettres N ou NN[23].

Dans les manuscrits les plus anciens, du XVIIe et du XVIIIe siècles, on constate l'usage régulier de termes soit étrangers, soit volontairement obscurs. Ainsi dans le manuscrit d'Olonets, des phrases en carélien, la langue finnoise locale, sont utilisées, parfois sans qu'on puisse comprendre leur utilité dans le texte. De la même manière, des mots, voire des phrases sont codées : ainsi, le mot « amen » peut être écrit « arip ». Cette façon de faire est elle aussi très ancienne : les textes des papyrus magiques grecs sont entrelardés de phrases et de mots que nous ne comprenons plus[24]. De même, certaines tablettes magiques, sur plomb ou sur or, sont inscrites dans un alphabet fictif[25].

Il n'y a pas que la forme de ces textes qui soit très archaïque. Le fond peut l'être aussi. La grande majorité d'entre eux sont des prières, adressées à Dieu, à la Vierge, au Christ ou aux saints. Nous avons donc là une magie populaire qui s'inscrit dans un cadre chrétien, et que l'on retrouve partout en Europe, même si cela est parfois exprimé différemment[26]. Mais à côté de ces prières « orthodoxes », il s'en trouve d'autres qui font appel à des éléments ou des personnages qui peuvent n'être chrétiens que de façon superficielle, voire être totalement d'origine païenne. Nombreuses sont celles qui font appel à une

---

[22] Lambert, 2013, p. 140.
[23] Lecouteux, 2005, p. 39.
[24] On y trouve même de pseudo-langages animaux, comme celui des babouins : *PGM* IV, 1000-1005.
[25] Perrier, 1999 (lamelle d'or de Nedde – Haute-Vienne) ; Chevet *et al.*, 2014, p. 137-141 (lamelles de plomb du Mans – Sarthe). *Cf.* Lejeune, 1983.
[26] En France par exemple, ces prières, présentées comme de simples demandes sans efforts sur la forme, sont inscrites sur des petits papiers et laissées dans les lieux saints : églises, lieux de pèlerinage divers.

description cosmologique particulièrement archaïque, avec l'île Bouyane, cernée par l'Océan, sur laquelle se trouve un arbre ou une colonne, et la pierre Alatyr ou Latyr, véritable omphalos. Les étoiles, du moins celle du Matin et celle du Soir, et la lune sont invoquées, mais pas le soleil. La Terre-Mère, mais aussi divers éléments naturels comme le gel, le vent, le sont aussi. Divers avatars de l'ancien dieu tonnant, Perun, surgissent à travers Dieu, saint Georges ou saint Élie, ici vaguement chrétiens. Nombreux sont les serpents, dont le principal, souvent une serpente, fait figure de dragon. Des personnages bien connus du folklore russe et ukrainien font aussi leur apparition : Baba Yaga, la sorcière ambivalente, le domovoï (génie du foyer), le lechiï (esprit des bois), le vodianoï (génie des eaux), parfois accompagnés de divers sorciers et démons.

C'est sur ces éléments et personnages là que j'ai voulu mettre l'accent : ainsi ce recueil n'a pas la prétention d'être représentatif de l'ensemble des incantations russes et ukrainiennes, puisqu'il néglige celles qui sont purement chrétiennes, pour se focaliser sur celles dont les aspects mythologiques sont évidents. J'avais de toute façon l'embarras du choix, concernant la sélection des textes, et j'aurais pu me contenter de piocher dans le recueil de Maïkov. Cependant, j'ai tenu à intégrer un certain nombre de textes parmi les plus anciens, notamment des incantations du manuscrit d'Olonets. De même, j'ai utilisé des incantations issues de collectes régionales récentes, qui montrent bien la vitalité de ces prières, et j'ai élargi mon champ d'action à l'Ukraine et même à la Polésie, une région à cheval entre l'Ukraine et la Biélorussie, objet d'enquêtes ethnographiques importantes depuis les années 1960.

Ces textes sont souvent problématiques car ils contiennent un nombre particulièrement important de mots rares, dialectaux, ou anciens, lesquels sont parfois des hapax. Aussi certaines des traductions qui suivent, même si elles ont toutes fait l'objet d'une relecture attentive par Viktoriya Shirkova-Lajoye, mon épouse, comprennent des éléments qui relèvent de la conjecture. Mais avec cet ensemble, nous pensons poursuivre utilement le travail initié par la traduction des bylines liées au héros Ilya Mouromets[27], puis complété par celle des chants mythologiques russes, biélorusses et ukrainiens[28], et nous espérons ainsi fournir aux lecteurs non slavistes des sources mythologiques importantes[29].

---

[27] Lajoye, 2009.
[28] Lajoye, 2015.
[29] Qu'il me soit permit ici de remercier Jacques Merceron pour sa belle préface, et Anne Marchand pour sa relecture attentive du manuscrit.

L'axe du monde

1.

Au-delà des monts lointains, se trouve une mer-océan de fer ; sur cette mer il y a des colonnes d'airain ; sur ces colonnes d'airain se dresse un poteau de cuivre ; sur ce poteau de cuivre se tient un berger en fonte. Le poteau se dresse de la terre au ciel, de l'est à l'ouest. Ce berger commande, il ordonne à ses enfants ; au fer, à l'acier, à l'acier damassé rouge et bleu, au cuivre, au fil de fer, au plomb, à l'étain, à l'argent, à l'or, aux pierres, aux arquebuses, aux flèches, aux combattants et aux lutteurs, il ordonne : « Allez, fer, pierre, plomb, à la terre-mère du serviteur (de Dieu) [nom de la personne visée], de l'arbre vers la berge, des plumes à l'oiseau, de l'oiseau au ciel, de la colle au poisson, du poisson à la mer, fuyez loin du serviteur (de Dieu) [nom de la personne]. » Et il ordonne au couteau, à la hache, à l'épieu, au poignard, aux arquebuses, aux flèches, aux combattants, aux pugilistes d'être calmes et tranquilles. Et il a donné l'ordre aux guerriers de ne pas tirer sur moi à l'arquebuse, de débander les cordes des arcs et de jeter les flèches à terre. Et mon corps sera plus solide que la pierre, plus ferme que l'acier damassé, ma robe et mon bonnet plus solides que la cuirasse et la cotte de mailles. J'enferme mes paroles sous clé, et jette les clés sous la pierre blanche et combustible Alatyr. Tout comme la serrure est solide, mes paroles seront fortes[30].

---

[30]   Zabylin, 1880, p. 297. Texte russe.

Commentaire :

Nous avons déjà traduit ce charme pour le tir à l'arc ou au fusil dans *Sadko et autres chants mythologiques...*, mais il nous a semblé utile de le reprendre ici (en corrigeant au passage notre traduction) car il est remarquable. La présence d'un arbre au milieu de la mer Océan est régulière dans les incantations russes et ukrainiennes : nous en verrons quelques exemples ci-après. Mais si l'on pouvait se demander s'il s'agissait bien de l'*axis mundi*, l'axe du monde, ici, le doute est levé : l'arbre est remplacé par une colonne, autre symbole de l'axe. Cette ambivalence de l'arbre et de la colonne n'est pas spécifiquement slave : on la retrouve abondamment chez les Celtes et en domaine germanique[31].

---

[31]   Lajoye, 2016, p. 53-62.

2.

Sur la mer, sur l'océan, il y avait douze chênes. Douze faucons se trouvaient sur ces chênes. Ils battaient des ailes, défaisaient des friches avec leurs queues[32].

Commentaire :

La présence d'oiseaux est régulière dans cette vision cosmologique. Ici, il s'agit de faucons, au nombre de douze : autant que d'arbres, lesquels ne sont qu'une démultiplication de l'arbre du monde. Le fait qu'il s'agisse de rapaces est ordinaire dans les descriptions d'arbres du monde : il s'agit ailleurs le plus souvent d'un aigle[33]. Cet oiseau est parfois assimilé à la mort, comme dans cette devinette collectée par Sakharov :

« *Sur la mer, sur l'Océan,*
Sur l'île Bouyane,
Est posé l'oiseau Youstritsa,
Il bénit, se met en valeur,
Lui qui voyait tout,
Et au final en dévorait beaucoup.
Il dévorait le tsar de Moscou,
Le roi de Lituanie,
Le vieux dans sa cellule,
L'enfant dans son berceau,
Et tous ceux qu'il ne dévorait pas,

---

[32] Moskalenko, 1993, n° 113. Texte ukrainien.
[33] Lajoye, 2016, p. 101-106.

N'atteignaient pas la mer. »
Réponse : la mort[34].

Le sens du nom Youstritsa, qui apparaît dans d'autres sources, n'est pas connu.

---

[34]   Sakharov, 1990, p. 182, n° 1. Texte russe.

La tsarine sous l'arbre

3.

Sur la mer sur l'Océan, sur l'île Bouyane, se trouve la pierre blanche brûlante Alatyr. Sur cette pierre est construit un nid d'or, et dans ce nid se trouve la tsarine Elina. Tsarine Elina, prend la dent et le dard du serviteur (nom de la personne). Décompose les corps, brisez-vous les corps. Mon mot est fort, la clé est dans la mer, l'ancre dans l'abîme. Amen, amen sur amen[35].

4.

Sur la mer sur l'océan se trouve une mer bleue, et sur cette mer océan se trouve la pierre Otlater, et sur cette pierre est assise une belle jeune femme à deux têtes, qui coud et charme les blessures du serviteur de Dieu (nom), blessure par la flèche, par la lance, par le sabre courbe, par la hache, par le couteau et l'arquebuse, elle charme les 74 veines et les coud avec du fil de soie rouge. Son aiguille n'a pas de chas. Elle a laissé tomber son aiguille dans la mer bleue, dans l'océan. Un corbeau est venu, a attrapé l'aiguille par le fil et l'a emporté sur la montagne, sur le Sinaï. Tout comme cette aiguille ne peut être trouvée sur la montagne, le sang ne peut plus couler du serviteur de Dieu.
Dis cette prière au vieux, au décati, au jeune, à l'homme fait, en tout jour et en toute heure[36].

---

[35] Majkov, 1869, n° 179, p. 71-72. Texte russe. Formule à dire sur une blessure.
[36] Toporkov, 2010, p. 92, n° 4. Texte russe, manuscrit du XVIIᵉ siècle, Olonets. Charme contre les blessures.

Commentaire :

Bien des éléments accompagnent l'arbre. L'oiseau, on l'a vu, mais aussi la pierre Alatyr ou Latyr, dont on ne saisit toujours pas bien la nature mais qui peut être une sorte d'omphalos, ou encore une figure féminine, souvent accompagné du titre de « tsarine ». Elle peut être thériomorphe, comme la jeune femme à deux têtes du n° 4. Il s'agit là d'une figure particulièrement ambiguë, certes bénéfique, mais qui peut avoir des aspects serpentiformes comme on va le voir.

On notera qu'une prière française, largement diffusée dans des livrets de colportage intitulés *Le Médecin des pauvres,* débute par la mention de sainte Apolline assise sur une pierre de marbre[37], qui se pose ici comme un équivalent de la pierre Alatyr. Une version étendue de l'oraison à saint Apolline connue par *Le Vrai médecin des pauvres,* imprimé à Paris en 1848, précise d'ailleurs bien :

> *Sainte Apolline, la divine,*
> *assise au pied d'un arbre,*
> *sur une pierre de marbre [...][38].*

Cette oraison, sous ses deux variantes, est connue dans toute la France[39]. Malheureusement, les oraisons latines, médiévales et modernes de sainte Apolline ne comportent pas ces mentions d'arbre et de pierre[40]. En revanche, un manuscrit slovène du XIIᵉ siècle contient une incantation contre le mal de dent, avec la mention de saint Pierre assis sur une pierre de marbre. Et de fait, certaines incantations slovènes commencent par une formulation très proche de leurs homologues des Slaves de

---

[37] Andries et Bollème, 2003, p. 862.
[38] Nisard, 1864, p. 76.
[39] Gillet, 1968, p. 69-70.
[40] Bonucci, 1712, p. 41 et suiv.

l'Est, avec par exemple :

> *Sur une montagne d'or,*
> *Il y a un siège d'or,*
> *Sur lequel est assis saint Basso* (sveti Šempas)
> *Tenant une épée d'or[41].*

D'une manière générale, un personnage assis sur une pierre de marbre est un motif très répandu dans les charmes et incantations, du Moyen Âge à nos jours, avec une origine antique très probable[42].

---

[41] Šmitek, 1999, p. 182.
[42] Bozoky, 2003, p. 93.

*Une guérisseuse soigne une épileptique en traçant un signe de croix
sur sa tête à l'aide d'un couteau
Région de Riazan, 1914.*

La tsarine serpente sous l'arbre

5.

Sur la mer, à Loukomorie se trouvait un chêne bien branchu et beau. Sur ce chêne, il y avait la tsarine Yaritsya. Tsarine, sois charitable, sois gracieuse : envoie trois soeurs : Maria Demie-Maria, Anna Demie-Anna, Loukeria Demie-Loukeria. Qu'elles enlèvent une dent à une vipère criblée de petite vérole, à une vipère des champs, à une vipère de l'herbe, à une vipère de terre, à une vipère d'eau, à une vipère au ventre jaune, à une vipère au bedon jaune, à une vipère domestique[43] !

6.

Sur la mer, sur l'océan, sur l'île Bouyane se trouvait un grand chêne ; il y avait une tortue sous ce chêne, la plus ancienne de toutes les vipères. Vipère, vipère, apprend à ta tribu, sinon je trouverai un homme. Il mange Mercredi ou Vendredi, il te mangera aussi[44].

7.

Sur la mer, sur l'océan, sur l'île de Bouyane, se trouve un chêne. Sous le chêne il y a un bosquet de saules ; sous ce bosquet est la pierre blanche Alatyr. Sur la pierre se trouve une pelisse de mouton ; sous cette pelisse se

---

[43] Moskalenko, 1993, n° 104. Texte ukrainien tiré d'un manuscrit de la fin du XVIIIe ou du début du XIXe siècle.
[44] Moskalenko, 1993, n° 113. Texte ukrainien.

trouve la serpente Skarpiya. Il a ici deux sœurs : Arina et Katerina. Nous nous fiançons à Dieu, nous adorons aux quatre vents, prenez le courage de la servante ou du serviteur (de Dieu) [nom de la personne visée], ou de son bétail [dire « laine »] à ce jour, à cette heure – puis souffler en croix[45].

Commentaire :

Loukomorie est un lieu légendaire, au bord de la mer, mentionné dès le XIIe siècle dans le *Dit de la campagne d'Igor*. Dans l'incantation n° 5, le nom de la tsarine est Yaritsya (en translittération internationale : *Jaricja*), ce qui peut se traduire par « Fureur » ou « Furieuse ». Cependant, il peut s'agir d'une altération de l'ukrainien *jaščerica* : « lézard ». De fait, dans l'incantation n° 6, il est question d'une Gadina, « Vipère », qui règne sur tous les serpents, et dans la n° 7, qui est russe, d'une serpente *Skarpija* (ou *Skorpija*, dans une variante de la région de Toula[46]), autrement dit une serpente « Scorpion ». Ce mot lui-même n'est pas russe, et l'animal n'est présent qu'en Crimée et au nord du Caucase : ces charmes pourraient donc bien avoir une source grecque, que nous n'avons cependant pas retrouvée.

[45] Zabylin, 1880, p. 395. Texte russe. Charme contre les serpents.
[46] Majkov, 1869, n° 174, p. 70. Texte russe.

8.

Sur le pont d'Obier vont trois sœurs : Kalina (Obier), Malina (Framboisier) et Chipchina (Églantier). Elles ne savaient ni coudre, ni filer, elles savaient seulement briser-déchirer, elles laissent passer les rivières : une rivière est d'eau, l'autre de feu, la troisième de sang. Le feu est arrosé d'eau, le sang est calmé par le sang[47].

Commentaire :

La tsarine ou la serpente vue plus haut a deux ou plus souvent trois filles dont les noms sont très variables : Arina et Katerina, ou encore Mariya, Marina et Katerina. La présence de trois figures féminines est attendue au pied de l'arbre du monde : c'est un fait connu en Grèce, à Rome, chez les Celtes et les Germains[48]. Elles portent bien souvent des noms dérivés de l'arbre : en Grèce on parlera des *Dryades*, « du Chêne », par exemple. Cette incantation le confirme en donnant aux trois femmes des noms d'arbustes : Obier, Framboisier et Églantier. Le pont où elles se trouvent porte d'ailleurs un nom bien connu, *Kalinovij most,* ou « pont d'Obier » : c'est sur ce pont mythique que, dans les contes populaires, a lieu le combat entre le héros et le dragon.

Le charme ci-dessus est une version très folklorisée d'un type d'incantation présent dans toute l'Europe. Une version espagnole du XVe siècle, connue par un procès en sorcellerie de 1486, nous dit ainsi :

---

[47]   Moskalenko, 1993, n° 25. Texte ukrainien.
[48]   Lajoye, 2016, p. 63-67.

Tres Marias passavan hun pont sant.
Diu la una : Yo veig hun gran riu de sanch.
Diu l'altra : Yo lo estanch en nom del Spirit Sant.
Diu l'altra : Dins en Batlem és nat hun infant.
Si digna és la mare, pus digne és lo infant.
Vena justa, tin-te sanch[49].
« Les Trois Maries traversaient le saint pont.
L'une d'elle dit : 'Je vois une grande rivière de sang.
L'autre dit : 'Je l'étanche au nom de l'Esprit-Saint.
L'autre dit : 'Un enfant est né à Bethléem'.
Si la mère est digne, l'enfant est encore plus digne.
Digne veine, arrête, sang. »

Trois femmes ou vierges apparaissent régulièrement dans les incantations européennes[50]. Claude Lecouteux a supposé qu'il pouvait s'agir, dans les cas chrétiens, des Trois Maries. On notera cependant que la plupart du temps elles ne sont pas nommées, et quand elles le sont, il ne s'agit pas forcément des Trois Maries. En Gaule, déjà, les Mères *(Matrae),* lesquelles vont la plupart du temps par trois, sont invoquées dans un charme noté par Marcellus de Bordeaux au IVe siècle[51].

[49] Surtz, 2006, p. 157.
[50] Par exemple : Lettonie (Lecouteux, 2016, n° 19) ; Saxons de Transylvanie (*ibid.*, n° 46, 124, 226) ; Suède (*ibid.*, n° 59, 212) ; France (*Le Médecin des pauvres*, « oraison pour le mal d'yeux).
[51] *De Medicamentis*, X, 35.

9.

« *Aube Daria, aube Maria, aube Katerina, aube Maremiana, aube Vopska, aube Kriksa, prenez votre cri. Cri, cri, va sur la mer Océan. Sur la mer sur l'Océan, sur l'île sur Bouyane, où les gens ne se rendent pas, où les oiseaux ne volent pas. Amen au cri, amen, amen.* »
Prendre l'enfant dans sa robe, aller sous le perchoir des poules, dans le poulailler, et réciter cette prière le soir en regardant vers l'ouest, et le matin en regardant vers l'est[52].

10.

« *Aube, Petite Aube, belle jeune fille,*
La première aube est Maria, et la deuxième Daria,
La troisième est Sofia, de toutes la plus sage,
Donne à notre petit Génia un sommeil calme, une bonne santé.
Que votre garçon pleure, et que notre fille dorme. »
À dire quand l'enfant ne parvient pas à s'endormir et pleure, en le portant près de la porte. Après cela, asperger la poignée de la porte avec de l'eau[53].

---

[52] Majkov, 1869, n° 57, p. 33. Texte russe, collecté dans le gouvernement de Saratov en 1848.
[53] Vlasov et Žekulina, 2001, p. 359, n° 409. Texte russe, région de Novgorod.

11.

Vous, aubes-petites aubes, vous qui êtes trois sœurs au ciel : l'une est ennuyeuse, la deuxième est amicale, et la troisième est triste. Prenez des aiguilles et des épingles, la pierre des montagnes, battez-le et cuisez-le, brûlez et rendez-le languissant ; ne lui accordez pas le sommeil, ni le repos, ni de manger, ni de boire – juste aimer les autres. Attirez vers moi, la née, baptisée et pieuse servante de Dieu Maria, le né, baptisé, pieux cosaque Ivan[54].

12.

Aubes, petites aubes, vous êtes au ciel trois sœurs, la quatrième est la baptisée, née Maria. Venez, accumulez la beauté, placez-la sur la baptisée, née Maria. Tout comme vous êtes claires, belles parmi les étoiles, ainsi sera-t-elle belle parmi jeunes filles[55].

13.

Je prie le Seigneur Dieu. J'implore le Seigneur Dieu. Aubes-Petites Aubes, rapides secoureuses, accourez, aidez ! Du lundi au mardi, du mercredi au jeudi, du vendredi au samedi, et toi dimanche seul et unique. Viens dans mes rêves, toi qui as volé mon argent (ou bien ce qui a été pris)[56].

---

[54] Moskalenko, 1993, n° 7. Texte ukrainien.
[55] Moskalenko, 1993, n° 8. Texte ukrainien.
[56] Tolstoï, 1986, n° 11, p. 141. Texte de Polésie. Lorsqu'on rêve d'un voleur.

Commentaire :

Le terme *zarja* (russe ancien et ukrainien *zorja*) désigne l'aube ou l'aurore, mais il semble parfois désigner une étoile. Cependant, le temps de cette aube est singulièrement complexe puisque le mot est régulièrement exprimé au pluriel, et dans ce cas, les *zari* ou *zori* sont trois, et parfois plus, comme dans l'incantation n° 9. Sur les cinq incantations ci-dessus, deux concernent l'amour (11 et 12), deux le sommeil d'un enfant (9 et 10) et un dernier la vision en rêve d'un voleur (13) : le domaine d'activité de ces personnages relève donc plus de la nuit que du jour.

Rituel de transmission de force d'une guérisseuse vers son élève
Carélie, début du XXᵉ siècle.

14.

La lune est dans le ciel, le poisson baleine est dans l'océan, le chêne est sur la terre. Dès que ces trois frères se réuniront, Ivan de Dieu, serviteur de Dieu aura mal aux dents[57].

15.

« Lune, lune,
Où étais-tu ?
– Je suis allée de par le monde.
– Y as-tu vu les morts ?
– Je les ai vus.
– Ont-ils mal aux dents ?
– Non, ils n'ont pas mal,
Les morts se reposent ! »
Dire cela trois fois, en soufflant trois fois par la bouche[58].

16.

« Toi, jeune lune, tu as des cornes d'or. L'or était au pape de Rome, – et il ne souffre pas des dents. Ne fait pas de mal à la servante, à la petite servante (de Dieu) Antonida, pour les siècles des siècles à jamais ne lui fait pas mal. »

---

[57] Moskalenko, 1993, n° 38. Texte ukrainien.
[58] Vlasov et Žekulina, 2001, p. 369, n° 450. Texte russe, région de Novgorod. Contre le mal de dent.

Sortir trois fois lors de la nouvelle lune, dire cela trois fois et cracher trois fois[59].

17.

Jeune lune, fais courir après moi les prétendants, comme je cours après toi[60].

Commentaire :

Dans les incantations russes comme ukrainiennes, le mot féminin *luna* n'apparaît quasiment jamais, tandis que le masculin *mesjac* (ukrainien *misjac*) est systématiquement présent. Dans l'ancienne mythologie slave, la lune est masculine et le soleil féminin, comme dans la mythologie germanique. Ainsi, une variante de l'incantation n° 15 parle d'un *knjaz' molodoj, rog zolotoj* : « jeune prince, corne d'or »[61]. Son apparition dans un charme d'amour (ici le n° 17) est peut-être le souvenir d'un mythe similaire à celui qui existait dans la mythologie lituanienne, dans laquelle Mėnulis (la lune, un dieu) abandonne Saulė (le soleil, une déesse) pour courtiser Aušrinė, l'étoile du matin. Mėnulis est alors puni par Perkūnas, le dieu tonnant. La tentative d'adultère (et la punition) se répète cependant chaque mois. Toutefois, on notera que dans le folklore français, la Lune est régulièrement appelée dans les charmes visant à séduire une femme[62]. Mais dans ce cas, très souvent l'astre nocturne n'est pas désigné sous son nom féminin, mais par l'expression « (beau) croissant ». L'incantation n° 14 se retrouve d'ailleurs quasiment telle quelle en Lituanie :

---

[59] *Russkie skazki i pesni v Sibiri...*, 2000, n° 4, p. 166. Texte russe, région de Krasnoyarsk.
[60] Majkov, n° 34, p. 24. Texte russe. Incantation pour le mariage.
[61] Majkov, 1869, n° 73, p. 37. Texte russe.
[62] *Gremoire du Pape Honorius*, 1670, p. 56-57 ; Sébillot, 1904, vol. 1, p. 57-61.

Mėnesėlis danguje, drūtas ąžuolas ant žemės, o didžiuvis vandeny. Kad [Kada] tie trys broliai susieis į vieną vietą, tai tada tarnui Dievo [sakomas ligonio vardas] skaudės dantys[63] ! La Lune est dans les cieux, le chêne solide est sur terre, et la baleine géante est dans les eaux. Quand ces trois frères sont réunis en un seul lieu, alors la dent du serviteur de Dieu [nom du malade] sera douloureuse !

Autrement, la lune semble quasi systématiquement liée aux maux de dents, par le biais des morts – qui n'en souffrent plus – et qu'elle observe la nuit. L'incantation ukrainienne n° 14 est très particulière sur ce point, car elle rappelle des éléments cosmologiques : la lune dans le ciel, le poisson-baleine dans l'océan, le chêne sur la terre, et indique que seule leur réunion – autrement dit la fin du monde – fera que le mal de dent réapparaîtra ! Un charme latin contenu par un manuscrit du monastère de Saint-Gall et daté du IXe siècle dit la même chose :

Pour le mal de rein, dis : « Dame Lune, fille de Jupiter, de même que le loup ne te touche pas, que la douleur ne touche pas mes reins ; si tu manges mes reins, je te frappe[64] ! »

Sachant que le loup, dans les traditions germaniques et celtiques, ne mangera la Lune que lors de la fin du monde.
Enfin, dès le IVe siècle, le Gaulois Marcellus de Bordeaux recommande de dire une incantation contre les douleurs dentaires « le mardi ou le jeudi, à la lune décroissante »[65], et au

---

[63] Vaitkevičienė, 2008, n° 971.
[64] Lecouteux, 2016, n° 90.
[65] *De Medicamentis*, XII, 24.

xixe siècle dans le Confolentais (Charente), pour soigner le mal de dent, on récitant trois Pater et trois Ave en regardant la lune nouvelle[66].

[66]   Leproux, 1957, p. 40.

Une guérisseuse soigne un enfant à l'aide d'eau bénite
1914, région de Riazan.

Gravure de Schubert pour « Chez les guérisseurs »,
article de N. P. Chakovskoï, XIXe siècle.

18.

À prononcer sur de la cire lors de trois couchers de soleil, et mettre cette cire sur la dent douloureuse.
« Sur la mer Océan, sur l'île Bouyane, se trouvent trente-trois morts, que leurs dents âgées ne font pas souffrir. Tout comme ils ne souffrent pas, qu'il en soit ainsi pour le serviteur (de Dieu) (nom)[67]*. »*

Commentaire :

Ordinairement, les morts qu'observe la lune peuvent se trouver partout dans le monde. Ici, ils sont sur l'île Bouyane, qui apparaît alors comme une sorte d'Autre-Monde, de Paradis.

---

[67]   Majkov, 1869, n° 72, p. 37. Texte russe.

Chez le guérisseur
Carte postale russe ancienne (Richard)

19.

S'incliner trois fois vers la terre et dire :
« Pardonne-moi, terre-mère, car j'ai péché[68]. »

Commentaire :

La Terre-Mère, généralement qualifiée d' « humide », pourtant fréquente dans les bylines et les contes, apparaît peu dans les incantations. On l'a vu dans le texte n° 1 ; elle réapparaît ici dans une formule de pardon toute simple, qui ne mentionne aucun autre personnage, pas même chrétien, à dire en cas de mal de dos. L'expression même de « Terre-Mère » est très fréquente dans les mythologies européennes. Elle est attestée en domaine celtique antique, parfois accompagnée de Jupiter[69], sur des inscriptions votives comme funéraire. Un charme de protection écrit sur lamelle de plomb, semble-t-il contre les serpents, découvert en Afrique du Nord, débute par *Caele pater, terra mater*[70]. Dans le monde germanique, la Terre est la mère du dieu tonnant Thor. Elle est mentionnée dans un charme anglo-saxon partiellement christianisé, sous la forme *Erce,*

---

[68]   Majkov, 1869, n° 87, p. 40. Texte russe, région de Voronej.
[69]   Par exemple à Nîmes : *Iovi et // Ter(r)ae / mat(ri)* (CIL 12, 03071), ou à Clarensac : *] / et Terrae / matri* (ILGN +00517) ; plus à l'est, à Belgrade : *I(ovi) O(ptimo) M(aximo) et / Terrae Matri / Libero Pat(ri) et Lib<e=I>/r(a)e sac(rum) / T(itus) Aur(elius) Atticus / vet(eranus) leg(ionis) IIII Fl(aviae) ex / sig(nifero) P() K() q(uin)q(uennalis) Sing(iduni) / dec(urio) col(oniae) Sirmens(ium) / v(otum) l(ibens) m(erito) p(osuit)* (AE 1910, 172) ou à Budapest : *I(ovi) O(ptimo) M(aximo) / et Iunoni / et Ter(ra)e Mat{i}ri / [sa]cr(um) / [* (CIL 03, 10431).
[70]   RIG II, 2, p. 273-274. Le lieu de découverte exact n'est pas connu.

eorÞan modor, qui a été posé récemment comme un équivalent du russe *mat' syra zemlja* : « Terre-Mère humide »[71].

[71]   Toporova, 2005.

20.

*Gel, gel, vient chez nous lamper du kissel[72] et du lait,
pour que tu sauvegardes notre champ de blé, qu'il n'y ait
pas de grêle, que le ver ne soit pas vorace, dans le but
que tout soit autour de vous dans le champ[73].*

Commentaire :

D'autres puissances naturelles sont parfois invoquées, comme
ici le gel. Ce personnage apparaît aussi dans les contes russes,
avec un caractère ambigu, ni bénéfique, ni maléfique. Il est
devenu à l'époque communiste l'équivalent du Père Noël, sous
le nom de Père Gel *(Ded Moroz).*

---

[72]   Gelée de fruits.
[73]   Majkov, 1869, n° 355, p. 157. Texte russe, région de Vladimir

La Sorcière et le corbeau noir ou Les nuits terribles au-delà du Dniepr
Fascicule anonyme, illustration inspirée d'une gravure du lubok, 1914

Le vent

21.

« Comme l'eau se déverse sur le feu, mes paroles calment la tempête. »
À dire trois fois pour arrêter un tourbillon[74].

22.

Je vais dans la plaine, sur l'herbe verte, parmi les fleurs bleues. Un esprit-tourbillon vient à ma rencontre dans la vaste plaine, avec sa puissance défectueuse, de la mer à la mer, à travers les denses forêts, à travers les hautes montagnes, à travers les larges vallées, et tout comme les herbes et les fleurs se brisent et sont projetées en l'air, ainsi vous (nom) serez brisé (nom) et jeté en l'air, et ses yeux n'accepteront pas, et jusqu'à lui n'admettront pas, et il semblera être le genre de personne plus forte que le féroce serpent, et il brûle, et il flambe de son feu, de son tonnerre et de son éclair.
Alors mes paroles n'ont pas de limites ni de fin, elles ne se discutent pas et ne se retiennent pas[75].

Commentaire :

Le vent est aussi invoqué, soit pour être calmé (n° 21), soit au contraire pour être déchaîné contre quelqu'un (n° 22). En tant

---

[74]   Majkov, 1869, n° 359, p. 157. Texte russe, région de Vladimir.
[75]   Majkov, 1869, n° 29, p. 23. Texte russe.

que puissance naturelle, il est neutre, comme le gel : ni bénéfique, ni maléfique, mais il reste une force brute.

23.

Pour un mal de gorge, la grand-mère se tourne vers le côté où se trouve la forêt et dit ce qui suit :
« Chêne, chêne, prend ta gorge en chêne, et avale ton angine humide, gorge en chêne sèche, et avale (le mal) du serviteur de Dieu (nom) ! Tu ne prends pas ta gorge de chêne, il t'avale avec branches et racines. »
Puis épingle une lourde broche sur un saule malade, et dit devant :
« Ni le premier, ni le deuxième, ni le troisième, ni le quatrième, ni le cinquième, ni le sixième (etc. jusqu'à neuf)[76]. »

Commentaire :

Les éléments ne sont pas les seuls appelés dans les incantations, même si les autres figures naturelles sont plus rares. Ici, c'est le chêne qui est invoqué, pour le mal de gorge.
Le chêne est aussi invoqué seul, comme ici, dans une incantation des Tziganes de Transylvanie concernant l'accouchement difficile[77].

---

[76] Maikov, 1869, n° 100, p. 45. Texte russe.
[77] Lecouteux, 2016, n° 31.

N. Terpsikhorov, esquisse pour « La guérisseuse », 1926

Dieu tonnant

24.

Saint, saint, saint, qui réside avec le tonnerre, possesseur de la foudre, source des chenaux sur la face de la terre, ô, Seigneur terrible et redoutable, toi-même juge du diable maudit et des démons, sauve-nous, les pécheurs, maintenant et à jamais et pour les siècles des siècles, amen. Esprit juste, au libre arbitre, honneur à Dieu, délivrance de la patrie, maintenant et à jamais et pour les siècles des siècles, amen[78].

25.

Dieu terrible, Dieu merveilleux, qui vit au plus haut, qui réside parmi les chérubins, qui va avec le tonnerre, possesseur de la foudre, qui appelle l'eau de la mer et la répand sur toute la surface de la terre, Dieu terrible, Dieu merveilleux, qui a exécuté son adversaire le diable, maintenant et à jamais et pour les siècles des siècles, amen[79].

26.

Toi qui résides au plus haut, assis parmi les chérubins, qui viens avec le tonnerre, qui possèdes la foudre, qui appelles les nuages, qui répands l'eau à la surface de l'ensemble de la Terre. Seigneur, Tsar du Ciel, juge par toi-même

---

[78] Majkov, 1869, n° 357, p. 157. Texte russe, sur une bible du XVIIe siècle.
[79] Majkov, 1869, n° 358, p. 157. Texte russe, sur une bible du XVIIe siècle.

notre ennemi diabolique. Amen[80].

Commentaire :

Ces trois incantations, adressées à Dieu lui-même, sont particulièrement surprenantes. Dieu y apparaît ici en dieu tonnant, maître de la foudre et de la pluie, pourfendeur inlassable des démons : il y rappelle clairement l'ancien dieu slave Perun. Comme de fait exprès, tous les éléments cités dans ces textes se retrouvent en Inde dans un des hymnes védique à Parjanya, dieu de la pluie dont le nom est apparenté à celui de Perun, Parjanya, accompagné des Marut's – lesquels semblent être remplacés ici par les chérubins –, qui « détruit les arbres et frappe à mort des démons », qui « se crée un nuage de pluie », qui déverse les eaux sur le ciel et la terre[81].

---

[80] Toporkov, 2010, p. 443, n° 1, manuscrit daté de 1736. Prière contre le tonnerre.
[81] *Rig-Véda,* V, 83, trad. Renou, 1966, p. 111-112.

27.

« *Lève-toi, serviteur de Dieu (nom), et bénis du matin jusqu'au soir, fais tes ablutions à l'aube du matin et à celle du soir, essuie-toi avec la lumière blanche ; le front à la chaleur du soleil rouge, la nuque à la lueur de la lune, de nombreuses petites étoiles parsemées sur tes nattes ; sors par la porte des portes, le porche des porches, le portail des portails, va au loin dans la vaste plaine, vers un carrefour à quatre voies, lève-toi vers la face est, vers la crête de l'ouest : vers la source de lumière du vrai Christ ; sur la mer bleue la pierre blanche, sur la pierre blanche un homme blanc en habit blanc, saint Georges le Brave ; saint Georges le Brave a deux braves, deux très vantards, grands archers : l'un est le gars Siméon, l'autre Guérasim, ils vont avec un arc bandé tirer sur le chêne humide. Oh, vous, Siméon et Guérasim, ne tirez pas sur le chêne humide, tirez sur les plaies cousues, tirez, détachez du serviteur de Dieu (nom) les maladies, la malveillance, les sutures, les fausses calomnies, les fractures venteuses, les fausses calomnies, du foie noir, du cœur fringant. »*
S'ensuivent des mots-clés, que la guérisseuse n'a pas voulu expliquer, pour que l'incantation ne perde pas sa force. Elle a expliqué qu'elle ne pourra les dire qu'avant sa mort[82].

---

[82]   Majkov, 1869, n° 214, p. 86. Texte russe.

28.

Quand au printemps, le jour de Egor, le bétail est libéré. Premièrement, se lever le matin à l'aube, prendre un épieu qui a servi pour le gibier, avec lequel on a accompagné le bétail durant l'été, faire trois fois le tour (du bétail), aller de l'autre côté de la cour et dire :
« Que la palissade de fer autour de mon bétail n'autorise rien à passer. »
Alors pose l'épieu du côté opposé du portail et dis en marchant :
« Que mon bétail se montre, à toutes les bêtes noires et grises et qui trottent, comme des billots, des pierres, en ce jour et pour tout l'été jusqu'à la neige blanche. »
Et mets une bougie devant saint Georges, et prie-le pour sauvegarder la vie du bétail, et place une bougie fumante et pense au dîner, et sur les provisions de ce jour (mot manquant) du poisson préparé ou du brochet frais, et ne jette pas les arêtes de ce jour. Et quand tu as fini de déjeuner, quitte la table sans toucher à rien de ce qui se trouve dessus, mais noie la bougie, et prie saint Georges, et rends-toi dans la cour avec toute ta famille, et tout ton bétail, et bénis-le, relâche-le dans la cour, et tiens-toi près de l'épieu. Et soulève l'épieu, et dépose-le dans un tel lieu secret que personne ne le touche tant que le bétail sera au bois et jusqu'à la neige blanche. Et quand tu rentres dans l'izba, range la table, et ne donne pas au chien les arêtes de ce jour, et ne donne rien à personne[83].

---

[83] Toporkov, 2010, p. 116, n° 57. Texte russe, manuscrit du XVIIe siècle d'Olonets. Formule pour la protection du bétail.

29.

La veille du jour de Egor, ne donne rien au bétail la nuit dans la grange, procure-toi une grouse, et avec cette grouse un œuf de poule, et mets devant Egor une bougie non allumée depuis la veille, quand tout le monde dort, qu'il n'y ait qu'un ou deux des vôtres. Comme au sanctuaire de Egor, incline-toi trois fois. Alors prend une hache, la grouse et l'œuf, prend la bougie et allume sa mèche, et prend tout dans tes mains, porte en suivant le soleil, tire au sol derrière toi une hache avec la main droite, et de l'autre main porte la bougie, la grouse par la gorge et l'œuf, va trois fois et dit :

« Qu'autour de mon bétail se dresse une palissade de fer, de la terre jusqu'au ciel, contre les bêtes, contre les loups, et contre toutes les bêtes qui vont sur la terre, et contre la forêt.

Fais le tour trois fois et dit trois fois.

Et quand tu reviens à Egor, avec la bougie allumée, mets l'oeuf sur le vieux, tue la grouse avec un petit couteau, et dit :

« Toi, saint Egor, (voici) de ma part et de celle de mon bétail un mouton noir, et toi, saint Egor, garde et prend soin de mon bétail... là où les gens ne l'enlèveront pas. Sugr on kalaine, ij ping on kalaine, ij keskimanog on kalaine[84]. De moi, de mon troupeau, de mes bêtes, un œuf de poule. De cette année, du jardin d'un autre on ne puisse arracher les navets, ni faucher les épis, et à travers les mains ni ramasser ni estimer[85].

---

[84] Cette phrase est en carélien.
[85] Toporkov, 2010, p. 101-102, n° 25, Texte russe, manuscrit du XVIIe siècle d'Olonets. Formule pour la protection du bétail.

Commentaire :

La première incantation est un charme guérisseur, dans lequel saint Georges, mis en relation avec les aubes, est vu comme un bogatyr, un preux, lui-même leader d'autres bogatyrs. Tous sont pourtant des saints chrétiens. On verra plus bas un autre charme qui résume largement la byline (chant épique) *Egor le Brave*. C'est dans le rôle du personnage sauroctone, tueur de dragon, que saint Georges est largement connu en Russie. Le folklore autour de sa fête, le 23 avril, est de première importance dans le calendrier traditionnel : c'est cette date qui marque l'ouverture de la saison des travaux agraire, de la sortie du bétail. C'est à ce double titre, de protecteur du bétail et de tueur du dragon, que Georges a pu succéder, comme saint Élie, au dieu de l'orage Perun[86]. On en a ici une nouvelle preuve avec les incantations 28 et surtout 29 : le rite implique, dans cette dernière, de faire le tour du troupeau en traînant derrière soi une hache, pour demander à saint Georges d'élever une palissade protectrice. C'est précisément ce que fait le dieu de l'orage irlandais, le Dagda : après avoir rencontré en ambassade les ennemis des dieux, les Fomore, juste avant la grande bataille qui entraînera la défaite de ces derniers, il laisse traîner sa massue, une branche fourchue, derrière lui, et crée ainsi des vallées et des remparts qui deviendront par la suite des frontières. Ce miracle se retrouve chez divers saints celtiques et normands. Dans certains cas, il s'agit non pas de frontières, mais bel et bien de fortifications qui sont ainsi élevées[87]. Là où ce motif est conservé dans le mythe chez les Celtes, il l'est dans le rite chez les Russes.

[86] Lajoye, 2015, p. 217-236.
[87] Raydon et Sterckx, 2016.

Le prophète Élie

30.

Élie s'en va à cheval, ses pieds traînant au sol. Il a relevé les pieds, calmé le sang. Arrivent trois Vierges : une de Kiev, une de Tchernihiv, une de Nijyn, portant des aiguilles d'argent, du fil de soie, recousant les blessures, ordonnant au sang : « Sang de la grande tête, du visage rouge, du cœur zélé, de l'estomac, des os, du cerveau, des tresses noires, des yeux bruns[88] ! »

31.

Saint seigneur Élie le prophète, va, seigneur, sur un cheval venteux, brise en morceaux, seigneur, le chêne sur la plaine, la pierre dans la mer, et ainsi casse, seigneur, de ce serviteur de Dieu (nom) ou de ce bébé, ou de ces animaux, toute sorte de mauvais sorts ou toutes sortes de maléfices, et les maladies, et la malveillance, et le mauvais œil, et toutes sortes de maladies du serviteur de Dieu (nom). Désormais et pour les siècles (des siècles). Amen[89].

32.

De la chaleur, de l'entrée dans un endroit nuageux, de là Élie le prophète gronde, l'éclair frappe, la forêt se brise,

---

88 Moskalenko, 1993, n° 26. Texte ukrainien.
89 Toporkov, 2010, p. 112, n° 49. Texte russe. Manuscrit du XVIIᵉ siècle, d'Olonets. Charme contre les maléfices faits aux enfants, aux adultes ou au bétail.

fait bruire l'herbe, fait laver l'eau, fait remblayer par le sable. Soit forte et furieuse, ma formule, concernant mon affaire, dur couteau en acier damassé, sabre tranchant en acier damassé, repère la sorcière ou le sorcier, la chuchoteuse ou le chuchoteur, qui sont mon ennemi(e), à moi, la servante de Dieu (nom), le mal pense et sur mon cortège, et sur celui qui le suit, qu'il ne corrompt pas les mariés ; maintenant et à jamais et pour les siècles des siècles, amen[90].

33.

Quand les symptômes de la maladie se feront remarquer, le guérisseur circonscrit l'endroit malade avec une lourde broche, et récite la prière « Que Dieu se lève », puis ce qui suit :
« Moi, le serviteur de Dieu (nom), je me lève et je bénis, je fais le signe de croix, je me lave à la rosée du matin, je me frotte avec un mince tissu blanc, et je passe la porte de l'izba, par la porte puis le portail, du côté est, vers la mer Océan. Et sur cette mer se trouve l'île de Dieu, et sur cette île est posée la blanche pierre inflammable Alatr, et sur cette pierre il y a le saint prophète Élie et les anges célestes. Je te prie, saint prophète de Dieu Élie, envoie trente anges en habit d'or, avec des arcs et des flèches, abattre et tirer sur les mauvais sorts, la malveillance, la mauvaise fortune, les pincements et les douleurs, les ulcères venteux qui touchent (nom), là, où l'oiseau ailé s'envole, sur la boue noire, sur le marais fangeux, brisé et rompu – à la nouvelle, à la vieille et à la pleine lune. »
Parfois, au lieu de désigner avec une lourde broche

---

[90] Majkov, 1869, n° 44, p. 28. Texte russe. Charme pour la protection du mariage.

l'endroit atteint par le mal, le guérisseur délimite le chancre lésé avec le savon des morts (c'est-à-dire le savon qui a servi à laver un mort). Puis il prit le prophète Élie et les forces du ciel et enfin dit :

« Faites descendre sur moi le tonnerre et l'éclair, repoussez et tirez du serviteur de Dieu (nom) le mauvais œil et les malveillances, les pincements et les douleurs, les tiraillements et les pandiculations, et les ulcères venteux, vers là où les oiseaux ne volent jamais, et le fringant garçon à cheval n'arrive, passant et traversant, se tenant et portant, intestinal, soudé, sous-cutané et veineux. »

À la place d'une lourde broche ou du savon des morts, on dessine le contour du mal avec une branche de pin, qui laisse échapper sa pourriture, puis le guérisseur s'adresse au prophète Élie et aux anges et dit :

« Comme à la grand-mère aux pins secs, sèche et dessèche les ramilles et les racines des aubiers blancs et des cœurs rouges, comme doivent être séchés et desséchés de (nom) les mauvais sorts et la malveillance et la mauvaise fortune, les pincements et les douleurs, les tiraillements et les pandiculations, sur le jeune, sous le champ, la nouvelle et la vieille lune ; avec sa tête luxuriante, avec ses cheveux blonds, ses sourcils noirs, ses yeux clairs, sa bouche, ses dents, sa main, son pied, ses poumons et son foie, son sang ardent, sa chair généreuse. »

Le guérisseur et son patient doivent vivre tout le mois d'Élie (juillet) en état de pureté de corps et d'âme, sans péché de vice, sans quoi le traitement ne sera pas couronné de succès[91].

---

[91]   Majkov, 1869, n° 210, p. 83-84. La traduction de cette série d'incantation contenant de nombreux termes dialectaux propres à l'Oural ou à la Sibérie est parfois conjecturale.

Commentaire :

Saint Élie est le prophète qui a fini sa vie emporté au ciel par un char flamboyant. Dans les traditions slaves, il est celui qui parcourt sans relâche le ciel, sur son char de feu, entouré d'anges (ou parfois de dragons), et qui poursuit les démons et les sorciers pour les foudroyer. Il se pose ici en digne successeur chrétien de Perun[92].

La première des incantations ici traduites n'a cependant rien à voir avec le dieu de l'orage. Il s'agit en effet d'une version chrétienne d'un charme païen germanique, le deuxième charme de Mersebourg, connu par un manuscrit en vieil haut allemand du IXe ou du Xe siècle. En voici la traduction :

> « *Phol et Wodan chevauchaient dans les bois / et le pied du poulain de Balder fut entaillé. / Alors Sinthgunt, la sœur de Sunna, l'a conjuré / et Frija, la sœur de Volla, l'a conjuré. Et Wodan l'a conjuré, aussi bien qu'il le pouvait. / Comme l'os est foulé, que soit le sang foulé, / que soit l'articulation foulée. Os à os, sang à sang, / articulation à articulation, ainsi puissent-ils être soignés[93]. »*

Cette formule a été christianisée en Allemagne même, d'où elle s'est répandue dans toute l'Europe du Nord[94], de l'Irlande[95] aux pays slaves, où saint Pierre ou le Christ remplacent sont les personnages qui remplacent le plus souvent Phol et Wotan[96]. Certaines des formes slaves, comme celle traduite ici, sont

---

[92]   Lajoye, 2015, p. 137-236.
[93]   D'après la traduction anglaise de Fortson, 2004, p. 325.
[94]   Grimm, 1883, vol. 3, chap. XXXVIII. On notera qu'au XIXe siècle encore, une version suédoise mentionne Odin : Kilntberg, 1965, n° 6, p. 66.
[95]   Par exemple : Carmichael, 1900, p. 18-21.
[96]   Agapkina, Karpov et Toporkov, 2013.

d'ailleurs encore remarquablement proches du prototype en vieil haut allemand.

Saint Élie est plus dans son rôle dans les incantations 31 et 32, dans lesquelles on le charge de frapper les maléfices et ceux qui les ont lancés. Il est décrit comme un cavalier céleste, sur un « cheval venteux », et inlassable manieur de foudre.

La série d'incantations placée sous le n° 33 est par contre à caractère médical, mais là encore Élie est céleste, entouré d'une troupe d'anges armés chargés de combattre le mal. Ces anges, comme les chérubins vus ci-dessus, sont comparables aux Maruts védiques.

Illustration pour le recueil « La Terrible sorcière ou L'anneau magique »,
de Vassili Chmitanovski, 1896

34.

Seigneur Jésus-Christ, Fils de Dieu, aie pitié de la servante de Dieu (nom), daigne la bénir, Père ! Il y a une mer d'or, sur la mer d'or un navire d'or, saint Nicolas navigue sur ce navire d'or, il assiste la servante de Dieu (nom) contre les maladies. Il y a une mer d'or, sur cette mer d'or un arbre d'or, sur l'arbre d'or un oiseau d'or, au bec de fer, aux griffes de fer, il déchire, entraîne de la servante de Dieu (nom), (la maladie) sur la mousse, dans les marais. Il y a une mer d'or, sur la mer d'or une pierre blanche, sur la pierre blanche est assise une belle fille avec une massue de fer, elle protège la servante de Dieu (nom), extrait d'elle la maladie, qu'elle entraîne sur la mousse, dans les marais. Il y a une mer d'or, sur la mer d'or un navire d'or, dans le navire d'or naviguent trente tsars et soixante-dix tsarines, qui aident la servante de Dieu (nom) contre la maladie. Il y a une mer d'or, sur la mer d'or un navire d'or, dans lequel saint Nicolas monte, il ouvre les profondeurs de la mer, soulève les portes de fer, et attire en enfer par les mâchoires les maladies de la servante de Dieu (nom)[97].

Commentaire :

Saint Nicolas de Myre est un autre saint particulièrement célébré chez les Slaves de l'Est, et il n'est pas impossible que son culte recouvre celui d'une divinité marine, Nicolas étant en

[97] Majkov, 1869, n° 90, p. 41. Texte russe, extrait d'un manuscrit médical du XVIIᵉ siècle.

effet plus le protecteur des marins que celui des enfants. Dans cette série d'incantations contre les maladies, il apparaît comme un marin de l'Autre Monde, et il entre en concurrence avec des personnages clairement féerique. À ce titre, ces incantations rappellent certaines bylines dont le cœur de l'intrigue repose sur une navigation merveilleuse, comme celle de Soloveï Boudimirovitch[98], ou mieux celle de Sadko, riche marchand de Novgorod, sauvé d'ailleurs de l'emprise du Tsar des Mers par saint Nicolas lui-même[99].

[98] Lajoye, 2015, p. 93-100.
[99] Lajoye, 2015, p. 69-79/

Serpents et dragons

35.

Sur la mer bleue, un dragon furieux rugit.
« Pourquoi toi, dragon furieux, est-ce que tu rugis ?
– Parce que je n'ai pas de quoi nourrir mes enfants.
– Va, dragon furieux, dans le foyer des Ivanov, et capture
le serviteur de Dieu Ivan, pieux et baptisé, sang furieux,
et tu te procureras de quoi nourrir tes enfants[100] ! »

36.

Lève-toi, servante de Dieu Maria, prie,
Ouvre la porte, le portail, va en rase campagne,
En rase campagne, dans la chênaie, il y a un bosquet de
saules,
Et dans ce bosquet de saules, il y a le dragon Skoronid.
Toi, serpent Skoronid, dit à tous les serpents
Qu'ils ne doivent pas toucher à la servante de Dieu
Maria.
De la fontaine[101], de l'eau, du marais, du jardin,
De la pulmonaire, des orvets,
S'ils touchent à la servante de Dieu Maria,
Elle se plaindra à Georges le Victorieux,
Il les enfilera à la queue de son cheval,
Et les traînera partout en rase campagne[102].

---

[100] Moskalenko, 1993, n° 33. Texte ukrainien.
[101] *Sipjanym* : *cf.* ukrainien *Sipati*, russe *Sypat'* : « verser »
[102] Vlasov et Žekulina, 2001, p. 369, n° 440. Texte russe, région de Novgorod. Contre les serpents.

37.

« De l'eau, de la mer, de la caverne pierreuse est sorti un serpent desséché, il a emporté les herbes (le poison) et les pinces en fer du reptile noir, du reptile gris et du bigarré et d'autres. »
Il faut cracher tout. Et dire cela trois fois : le matin, le soir, et le matin suivant. Il faut se pencher vers l'eau ou vers le sérum, les paumes dans l'eau. Garder l'eau dans les paumes et la verser à l'endroit de la morsure[103].

38.

Moi (nom), je me lève et je vais de la porte à la porte, du portail au portail, dans la vaste plaine, en rase campagne, jusqu'à la mer-océan bleue. Et dans cette mer-océan, dort le dragon Enflammé. Lutte et arme-toi, il enflamme les montagnes, les vallées et les rapides rivières ; l'eau fangeuse et rouillée, l'aigle aux aiglons, le balbuzard et ses petits, les herbes fauchées, la forêt coupée, je me rapproche et je m'incline très bas : « Oh, toi, dragon Enflammé ! Ne mets pas le feu aux montagnes et aux vallées, ni aux rapides rivières, ni à l'eau fangeuse et rouillée, ni à l'aigle et à ses aiglons, ni au balbuzard et à ses petits ; mets le feu à la belle jeune fille (nom), aux soixante-dix-sept parties, aux soixante-dix-sept veines, et l'unique veine principale, et toute sa volonté ; pour qu'elle prie, qu'elle souhaite, prenez-lui le jour avec le soleil, la nuit avec la lune, jusqu'à ce qu'elle se languisse, se lamente sur (nom), qu'elle ne s'endorme plus de sommeil, qu'elle ne mange plus de nourriture,

---

[103] Vlasov et Žekulina, 2001, p. 369, n° 439. Texte russe, région de Novgorod. Contre les morsures de serpent.

qu'elle ne se soûle plus aux festins. Comme le blanc poisson brochet ne peut être sans eau courante, que la belle jeune fille (nom) ne puisse vivre ou être sans (nom). »
Que ma formule, soit ferme et tenace, ferme comme la pierre et l'acier damassé, le couteau pointu et le trait rapide. Je ferme à clé ma formule et mon affirmation, la ferme ténacité, la force puissante dans les hauteurs célestes, et la serrure dans les profondeurs de la mer[104].

39.

Sur la montagne Siyane [Océane], sur la terre chrétienne se trouve un pommier. Sur ce pommier il y a un nid de coucou. Et dans ce nid il y a le tsar Samatuz lui-même. Je vous prie comme le Seigneur Dieu lui-même. Arrête ta brume, fais dégonfler l'enflure du bétail du serviteur de Dieu (nom), purifie son corps, fait baisser le sang et la peur. Comme tu n'arrêteras pas ta brume, ne feras pas dégonfler l'enflure, ne purifieras pas le corps, nous extrairons tes crocs de fer avec des pinces, taillerons tes enfants, appuierons sur la piqûre, et au carrefour nous nous disperserons. Alors au coucher du soleil, vous rendrez votre dernier souffle[105].

40.

« Sur la mer Océan, sur l'île Bouyane, se trouve un mauvais buisson, et dans ce mauvais buisson est posé une pelisse noire, et sur cette pelisse noire est couchée la serpente Skoropeya, couverte d'étoiles nombreuses, de la lune claire, du soleil brillant. Toi, serpente Irina, toi,

[104] Majkov, 1869, n° 7, p. 11-12. Texte russe, sur de la Sibérie. Charme d'amour.
[105] Tolstoï, 1986, n° 1, p. 137. Texte de Polésie. Charme contre les piqûres de serpent.

serpente Katerina, toi, serpente de la plaine, toi, serpente des prés, toi, serpente des marais, toi, serpente de sous les troncs, formez le cercle et dites-vous l'une à l'autre : sortez de l'enfer impur, de l'articulation, de la demi-articulation, de la veine, de la demi-veine, de trois neuvaines d'articulations, de trois neuvaines de demi-articulations, du pelage noir, du corps blanc, du sang pur, du cœur pur, de la tête impétueuse. »
Puis lire : « Que Dieu revienne à la vie », « Notre Père » et « Je vous salue Marie »[106].

Commentaire :

Les incantations russes jouent régulièrement sur la parenté entre les mots *zmej* : « dragon » et *zmeja* : « serpent ». Ainsi figurent-elles un dragon, qu'on a vu souvent féminin, comme maître des serpents. Les incantations s'adressent alors à lui. On retrouve donc la serpente Skorpiya, avec des variantes : Skoropeya, Skoronide. C'est à ce dragon que l'on demande la protection contre les serpents. Mais ces demandes ne sont pas sans menaces : l'incantation n° 36 rappelle le fond de la byline sur Egor le Brave, autrement dit saint Georges, lequel a débarrassé la terre russe des dragons et serpents[107]. Mais parfois, ces incantations vont bien au-delà de la simple demande de protection. L'incantation n° 35, ukrainienne, est une véritable malédiction, qui envoie le dragon sur un adversaire.

---

[106] Majkov, 1869, n° 176, p. 70. Texte russe, gouvernement de Tula.
[107] Lajoye, 2015, p. 219-220.

41.

Bénis, puise de l'eau à la rivière ou en bateau, de telle manière que le premier tu en ramènes, et fais la passer à travers l'alvéole d'une meule, et arrose le pivot de la meule, et sur ce pivot gratte l'eau, et sur cette eau, dit ces mots :

« *Au nom du père, et du fils, et du saint-Esprit. Il y a une sainte mer océan, et sur cette sainte mer océan, il y a une pierre des profondeurs maritimes, sur cette pierre se trouve un brochet en fer avec des dents en fer, il mange sur la mer l'écume marine ; et ainsi le brochet mange cette chose, et que les sorciers, et les magiciens noirs et rouges le soient*[108].

Commentaire :

Les charmes de protection contre les sorciers sont très nombreux partout en Europe, sous diverses formes. On notera ici cependant le recours une fois encore à la vision cosmologique ordinaire des incantations des Slaves de l'Est.

---

[108] Toporkov, 2010, p. 135, n° 114. Texte russe, manuscrit du XVIIᵉ siècle, Olonets. Charme contre les sorciers.

Vassili Maximov, « L'Arrivée du sorcier au mariage des paysans », 1874

42.

Je sors dans la rue, à la lumière divine, je regarde en rase campagne. En rase campagne, il y a 77 poêles en cuivre brillant chauffés au rouge, et sur chacun de ces 77 poêles en cuivre brillant chauffés au rouge, il y a 77 Egi-Babas. Ces 77 Egi-Babas ont 77 filles chacune, et ces 77 filles ont 77 bâtons de marche et 77 balais chacune. Moi, le serviteur de Dieu (nom), je prie et je me soumets à ces filles des Egi-Babas. «Salut à vous, filles des Egi-Babas, faites que la servante de Dieu (nom de la femme) tombe amoureuse et amenez-la au serviteur de Dieu (nom). Balayez les traces avec les balais, marchez avec les bâtons, frappez et battez la veine sous le talon, frappez et battez la veine sous le genou, frappez et battez la veine spinale, frappez et battez le chêne tordu et noueux aux nombreuses branches, frappez et battez les poêles en cuivre chauffés au rouge. Aussi chaudement et ardemment que le poêle en cuivre chauffé au rouge brûle, que la servante de Dieu (nom de la femme) cuise et brûle, à tout moment, à toute heure, tôt le matin, tard le soir, vers la mi-journée, vers minuit, à l'aube, au soir, à la nouvelle et à la vieille lune, à la lune fermée. Qu'elle, la servante de Dieu (nom) ne puisse plus vivre, ni être, ni boire, ni manger, qu'en rêve elle ne dorme pas, en buvant elle ne boive pas, en mangeant elle ne mange pas, qu'elle ne perde plus son temps à converser avec les braves gens. Elle sera tout à moi, la servante de Dieu (nom) que j'ai à l'esprit. Et je semblerai, moi serviteur de Dieu (nom), plus clair que la lune claire, plus rouge que le soleil rouge, aimé de père et mère, plus épais et endurci de tout le monde baptisé. Vents-petits vents, la mèche agitée, je descendrai avec vos mots, vos clauses, avec vos plaideurs. Où vous la trouverez, là vous la prendrez, dans la large rue, dans la maison couverte de mousse, sous l'arc des portes[109].

43.

Charme ancien pour l'amour.
« Moi, le garçon (nom), je ne me signe pas, je ne vais pas à la croix, je n'entre pas dans l'izba, je n'ouvre pas le portail de la cour, et je vais dans la vaste plaine. Dans la vaste plaine se trouvent et trois, et deux et un : le démon Sava, le démon Koldun, le démon Asaul, et je me lie avec le garçon (nom), et je me prosterne bien bas (lacune). Vous, démons distants, trois, deux et un, démon Sava, démon Koldun et démon Asaul, tout comme vous servez le tsar Hérode, servez-moi, le garçon (nom), allez dans les villes, dans la province, et dans les villages, choisissez l'angoisse et la faiblesse, avec les bêtes et les oiseaux et les poissons et les personnes sans grade, et faites apparaître ce désir et cette chaleur chez la jeune fille (nom), dans ses yeux clairs, dans ses sourcils sombres, sur son visage rouge, sur ses lèvres sucrées, dans son sang chaud, dans son foie noir, dans ses trois fois neuf veines et dans sa veine unique, dans l'épine dorsale et dans le talon, (lacune), pour que la jeune fille (nom) ne puisse pas vivre, ni être le jour au soleil ou la nuit sous la lune. Comme le bébé sans le lait maternel ne

---

[109] Efimenko, 1878, p. 140 n° 4. Texte russe. Charme d'amour découvert dans un cahier ancien à Pinega, gouvernement d'Arkhangelsk.

peut vivre, que la jeune fille (nom) ne puisse vivre sans eau ni le jour ni la nuit ou à n'importe quel moment. Dans la vaste plaine se trouve un chêne sarrasin et sous ce chêne sarrasin se trouvent trois fois neuf demoiselles, et sous ce même chêne sarrasin arrive Baba Yaga qui brûle trois fois neuf sagènes de bois de chêne. Et si chaudement, et si brillamment brûlent les trois fois neuf sagènes de bois de chêne, et si chaudement (lacune) s'enflamme la jeune fille (nom), s'enflamment ses yeux clairs et ses sourcils sombres, et son visage rouge, ses lèvres sucrées, son cœur ardent et son sang chaud, son foie noir, ses soixante-dix veines, et ses soixante-dix articulations, et sa soixante-et-onzième articulation, afin que la jeune fille (nom) ne puisse vivre sans le garçon (nom) et ôter d'elle l'angoisse et la faiblesse, qu'elle ne puisse aller au bain chaud, qu'elle ne puisse aller s'éclaircir dans la vaste plaine, ni déguster de lait frais, ni dormir de son content, ni entretenir une conversation. Et j'ai mis ladite clé dans la serrure, j'ai fermé le verrou, j'ai jeté ce verrou dans la mer Océan, sous la pierre Latyr[110]. »

Commentaire :

Baba Yaga est l'un des personnages majeurs du folklore russe. Un personnage que l'on peine d'ailleurs à comprendre : ni sorcière (même si elle en a l'apparence), ni bonne fée, ambiguë jusque dans la moindre de ses actions, elle peut être aussi bien aussi bien maléfique que secourable. La voir ici invoquée dans des charmes d'amour n'a finalement donc rien de surprenant, même si ces deux incantations sont exceptionnelles.

[110] Efimenko, 1878, p. 142-143, n° 15. Texte russe. Charme d'amour découvert dans un cahier ancien à Pinega, gouvernement d'Arkhangelsk.

Boris Koustodiev, « La Femme du marchand et le domovoï », 1922

44.

Père domovoï ! Saute sur le sol, et ramène mon Ivan dans ma maison ; porte son âme, porte ses os, porte ses entrailles, et son visage blanc, et son cœur sincère, immédiatement, rapidement, à l'instant, à cette heure. Cours rapidement, cours promptement, comme ta maison court vers le haut, afin que tu sois aussi rapide que prompt à apporter le né, baptisé et pieux serviteur de Dieu le cosaque Ivan[111].

Commentaire :

Le domovoï est l'esprit du foyer des Slaves de l'Est, est l'équivalent des Pénates des Étrusques et des Romains, ou bien du gobelin des Normands. Globalement bénéfique, il peut s'occuper de menues choses au sein de la maison. Mais gare à lui si on ne lui témoigne pas de respect ou d'un minimum d'attention ! C'est un personnage qui apparaît très rarement dans les incantations.

---

[111] Moskalenko, 1993, n° 11. Texte ukrainien.

ЧУДО ЛѢСНОЕ . ПОИМАНО ВѢСНОЮ :

ФИГУРА ОНАГО ЧЮДА КОТОРОЕ ОБРѢЛИ ВГИШПАНИИ
САЛДАТЫ НАОХОТѢ ХОДЕЧИ ВЛѢСУ И ОНЫМЪ ЧЮ
ДОМЪ ПОДАРИЛИ ОНИ ВИНЦЕРОЛ ВНИЦИ КОТОРОИ ЕГО
ПОСАДИЛЪ НАТАКОИ ГАЛИОТЪ ОФЛОТА КОТОРОИ СРЕБРОМ
НАГРУЖЕНЪ ВГИШПАНИЮ И НЕДАВНО ПРИБЫЛЪ ОНЫ ТУДА
БЛГОПОЛУЧНО , И СИЕ ЧЮДО ПОСЫЛАЕТСА НИѢ ЧРЕ ГАЛИЮ
ВМАДРИТЪ КОТОРОМУ ВЕСЬ НАРОДЪ УДИВЛЯЕТСА ВЪ
ГОРОДѢ СОЛОМОНКЕ И ПОВЕЛѢ ЕГО ГИШПАНСКІИ КОРОЛЬ ОКРЕ
СТИТЬ И ПРИВЕСТЬ ВКАТОЛИЧЕСКУЮ ВѢРУ : АѰКА ГОДУ :

Lechiï, gravure du lubok, XVIIIe siècle.

78

Les lechiïs et les vodianoïs

45.

Invitation au mariage
Et tu te tiens avec tout le cortège devant l'image de la Vierge Mère de Dieu, pour y poser un plateau avec dix tourtes au fromage, et tu dis alors :
« Très saint Mère de Dieu, tu as donné naissance au Christ, le tsar du Ciel, viens, Souveraine, aide et intercesseuse en tous lieux, sur l'eau et sur la terre, princesse des jeunes mariés, garde tout le cortège ; et les parents, les seigneurs, tenez-vous, grands-pères et grands-mères, et toute ma génération, et vous princesse des jeunes mariés, gardez et surveillez sur l'eau et sur la terre, et en tout lieu où se trouve le cortège, et pour vous voici six tourtes. Et vous surveillez et nous défendez des sorcières et des sorciers, des magiciennes et des magiciens, et des vodianoïs, et du lechiïs, et des morts, et des démons. »
Le dénommé ira sur quelques verstes. Et couvrira les tourtes d'un mouchoir, laissera attendre pendant trois nuits, viendra à la maison, et dépose quatre tourtes à la porte, alors déchire les tourtes, et commémore tes parents[112].

46.

Formule sur le combat aux poings
« Moi, le serviteur [de Dieu] (nom), je vais vers la

[112] Toporkov, 2010, p. 117, n° 59. Texte russe, manuscrit du XVIIe siècle. Formule pour le mariage.

lumière blanche, par l'eau et par la terre, je crie ma jeunesse et je garde mon royaume sur le combat aux poings, j'en appelle à l'aide du lechiï des bois, du vodianoï des eaux, et vous, lechiï des bois et vodianoï des eaux, venez à mon aide contre mon adversaire, le combattant aux poings (nom), et donnez-moi la force de battre mon ennemi, le combattant aux poings (nom), avec mes poings. Et vous, lechiï des bois, vodianoï des eaux, prenez la pierre de ce mort (nom) et posez-la sur les mains, ou sur les pieds, ou sur la tête de mon ennemi, le combattant aux poings (nom), et tout comme la terre et la pierre sont lourde pour ce mort, que cela soit difficile à mon ennemi, le combattant aux poings (nom), de se relever contre mes mains, que les mains et les jambes de mon ennemi, le combattant aux poings (nom), s'affaiblissent, et que ses yeux soient aveugles jusqu'au moment où je lèverai ma formule. »
Va à la tombe, enlève ton [caftan ou bonnet], et prononce cette formule une fois, et prosterne-toi devant le mort jusqu'à la terre, et regarde vers le nord, et redis la formule une fois, prosterne-toi, redis-la une troisième fois, prosterne-toi, et prend une petite crêpe, et fais-la glisser dans ton pantalon ou dans ta manche[113].

Commentaires :

Lechiï et vodianoï sont des esprits de la nature, esprit de la forêt pour le premier, et des eaux pour le second. Ce sont des personnages neutres, dont il faut se méfier. Aussi l'incantation n° 45 vise à les écarter, avec les sorciers, d'un mariage. La n° 46 est bien plus étonnante, puisqu'elle les appelle à l'aide.

---

[113] Toporkov, 2010, p. 130-131, n° 104. Texte russe, manuscrit du XVIIe siècle. Formule pour un combat de boxe.

Mais c'est aussi pour le coup une incantation, qui utilise une forme de magie noire liée à la terre des tombeaux, dont un bon tiers des phrases est codé. Ainsi, *iz lesa lešie, iz vody vodjanye* (lechiï des bois, vodianoï des eaux), est écrit : *if sela sevye, if šocy šocjanye*. On rejoint là des pratiques magiques que l'on retrouve dans les grimoires occidentaux médiévaux et modernes.

Vodianoï, illustration pour Malyšev, 1910

L'homme de métal

47.

Formule chuchotée sur les blessures.
« *Au nom du Père, du Fils et du Saint-Esprit. Il y a une mer océane, et de cette mer océane vient un homme de cuivre, chevauchant un cheval de cuivre, avec un arc en cuivre, des flèches en cuivre ; et il tire avec l'arc puissant, et il vise bien. Sur le mousse se trouve un pin en or, et sur le pin en or, un écureuil d'or. Et l'homme de cuivre tire sur l'écureuil d'or puis extrait son cœur en acier damassé, le découpe en trois, dit et prononce trois formules (littéralement : mots chuchotés).*
Pour les siècles des siècles. Arip (amen, codé)[114]. »

Commentaire :

On a vu dans l'incantation n° 1 un étrange berger de fonte. Ici, nous avons un cavalier de cuivre. Une incantation contre les blessures de guerre contenue dans un manuscrit daté de 1810 parle, elle, d'un « tsar d'airain »[115]. Ce sont sans doute un seul et unique personnage, relevant de l'Autre Monde. Ce type de personnage est rare dans les incantations européennes. On relève cependant, dans un charme irlandais médiéval semi-païen, le *Cétnad nAíse,* la présence d'un « guerrier d'argent », qu'on peine toujours à expliquer, mais qui est sans doute un ancien dieu[116].

---

[114] Toporkov, 2010, p. 128-129, n° 98. Texte russe, manuscrit du XVIIe siècle, Olonets.
[115] Toporkov, 2010, p. 668-669, n° 7. Texte russe, manuscrit daté de 1810. Formule contre le fer et la flèche.
[116] Tonsing, 2014.

Черпъ нлньчаепъ своего сына
изъ Берлина.

« Le diable soigne son fils de Berlin », lubok, 1914

48.

Je me lève, moi, le serviteur du diable (nom), je ne bénis pas, je ne vais pas de la porte à la porte, du portail au portail des jeunes mariés, et je vais dans la vaste plaine, dans le marais diabolique. Dans la vaste plaine se trouve une forêt de sapins, et dans la forêt de sapins, il y a quarante quarantaines, la puissance du diable. Et dans le marais diabolique se trouve la blanche pierre Latyr, et sur la blanche pierre Latyr est assis Satan lui-même. Et je vais, moi, le serviteur, à la blanche pierre Latyr, et je me prosterne, moi, le serviteur (nom) devant Satan en personne, et je lui demanderai : « Oh, toi, puissant Satan, comme tu sais séparer (noms de l'homme et de la femme), alors sépare-les et fais-les divorcer, qu'ils ne s'aiment plus l'un l'autre, qu'ils se battent l'un l'autre, et parfois qu'ils se frappent avec un couteau. Puisque je suis ton serviteur, je suis ton servant, en ce jour, en cet instant, et selon ma sentence, pour les siècles des siècles[117]. »

Commentaire :

Les incantations des Slaves de l'Est sont très majoritairement bénéfiques : ce sont des charmes de protection, pour la plupart. Ici, cependant, la demande concerne un divorce : on veut séparer un couple, aussi se livre-t-on a une anti-incantation concernant le mariage : on ne prie pas Dieu ou une quelconque

---

[117] Majkov, 1864, n° 48, p. 29. Texte russe.

créature bienfaisante, mais le diable. Et on se livre alors à un anti-rituel, prenant le contre-pied de ce que l'on trouve ordinairement dans ce type de texte.

Le Pape de Rome

49.

*Il existe une mer Océan, et sur cette mer Océan se trouve
une île, et sur cette île a été bâtie une église du pape de
Rome, et dans ce sanctuaire une jeune femme garde pour
elle différentes aiguilles et du fil de soie, elle coud la
plaie sanglante et douloureuse, et elle commande au
sang de ralentir, et de ne plus rien toucher[118].*

Commentaire :

Il est possible que la mention d'une jeune femme dans un
sanctuaire du Pape de Rome soit un rappel de formules
occidentales visant aussi à arrêter le sang, lesquelles parlent de
la Vierge assise. Ainsi ce charme anglais du XIVᵉ siècle :

La vraie dame est assise sur son banc,
Son vrai enfant assis en son devant
Vraie est la dame, vrai est l'enfant
Vraie veine étanche ton sang[119].

Cependant, le Pape de Rome, qui apparaît aussi dans
l'incantation n° 16, est un personnage du folklore et de la
mythologie des Slaves orthodoxes. On dit ainsi en Bulgarie
qu'il est immortel, qu'il dort constamment, mais qu'à intervalles
réguliers (selon les versions, tous les ans, trois ans ou cent ans),
des gens viennent avec des fourches soulever ses paupières : il

---

[118]   Majkov, 1864, n° 145, p. 53. Texte russe.
[119]   Lecouteux, 2005, p. 80-81.

peut alors voir, et si tout va bien dans le monde, il se rendort[120]. Il est ainsi singulièrement proche du Viy de Nikolaï Gogol et d'autres personnages folkloriques équivalents propres aux Slaves de l'Est[121].

---

[120] Mollov, 2007 ; Malčev, 2007.
[121] Lajoye, 2014.

Guérisons diverses

50.

« *Os sec, tête de bogatyr,*
Dans la plaine vous n'arrivez pas,
Les herbes ne vous sont pas données,
Et les eaux ne vous sont pas données à boire.
De même que pour l'os sec,
La tête de bogatyr,
(il en est pour) le bébé (nom), au nombril,
Ou dans les testicules
Ni le jour, ni la nuit,
Ni à l'aube,
Ni au crépuscule,
En ce jour, en cette heure,
J'ai dit amen ! »
À dire trois fois[122].

51.

Je me lève en bénissant,
Je marche en faisant le signe de croix,
De la porte au portail,
Sur la vaste plaine,
À la verte chênaie,
Sur trois rivières,
Sur trois eaux,
La première rivière est Okeanya,
La deuxième est Gorodenya

---

[122]   Vlasov et Žekulina, 2001, p. 365-366, n° 431, région de Novgorod. Contre les « hernies ».

La troisième, de toutes, est la plus sage.
– D'où coules-tu, eau ? Où passes-tu ?
– De la mer bleue.
De la vaste plaine,
Avec son chaud foyer,
Je me lave au large de la berge,
Pierre blanche
Et racine blanche,
Je lave les sorts du serviteur de Dieu (nom),
Avec les jambes et la tête,
Et avec ses épaules puissantes,
Avec ses os de caille,
Avec toutes les veines,
Avec tous les tendons.
Et à une rencontre se retrouver,
Et de derrière jeter un coup d'œil :
Aux yeux gris, aux yeux noirs,
Tout autre aux yeux différents.
Je n'aide pas,
Je ne prête pas main-forte.
Aide, prête main-forte,
Jésus Christ lui-même,
La très sainte Mère de Dieu[123].

Commentaire :

L'incantation n° 51 repose sur la même base que la n° 10, avec une énumération de trois personnages féminins dont le troisième seul est guérisseur. Ici, la troisième est « la plus sage ». Les versions les plus anciennes des incantations de ce type se trouvent chez le gallo-romain Marcellus de

[123] Vlasov et Žekulina, 2001, n° 482, p. 383-384, région de Novgorod

Bordeaux[124], qui nous montre trois vierges au milieu de la mer. Les versions les plus anciennes de cette famille de charmes concernent les maux de ventre, mais très vite, ce sont les effusions de sang, les hémorragies, qu'ils sont supposés soigner. Ce type de charme est finalement connu dans toute l'Europe, dès le Moyen Âge[125], période durant laquelle il est christianisé. Cependant, les versions scandinaves et les deux versions russes ici traduites ne sont pas touchées par cette christianisation, ou alors seulement de façon très superficielle.

---

[124] *De Medicamentis*, XXI, 3, et XXVIII, 74.

[125] Pour ce qui concerne les versions médiévales, il faut compter sur une version latine d'un manuscrit de Saint-Gall (http://www.e-codices.unifr.ch/fr/csg/0751/236 – consulté le 24/01/2017), un manuscrit latin anglo-saxon (Fischer, 2012, p. 112-114), un médicinaire liégeois du XIIIe siècle (Xhayet, 2010, p. 94 et 169), une version anglo-normande du XVe siècle (Hunt, 1990, p. 95), une version espagnole, toujours au XVe siècle (Surtz, 2006, p. 157), deux versions allemandes du XVe siècle (Cianci, 2004, p. 265, n° 94 et p. 285, n° 147), une version slavonne connue par un missel bulgare du XIVe siècle (Cibranska-Kostova et Mirčeva, 2012, f° 47b, 5-12).

52.

Sur la mer bleue, sur une pierre écarlate,
Se trouve une planche, et sur cette planche l'angoisse,
Sur la mer, au loin, dans la verte forêt.
Viens, angoisse, dans le cœur du serviteur de Dieu Ivan,
Apporte-lui la langueur, dessèche son lit, que du sommeil
il ne dorme pas,
Que de la nourriture il ne mange pas, que de la boisson
il ne boive pas,
Jusqu'à ce qu'il ait le béguin pour la servante de Dieu
Maria,
Amen, amen, amen.
Pfou ! Pfou ! Pfou[126] !

Commentaire :

Toute banale qu'elle peut sembler, cette incantation impressionne car elle contient des éléments qui sont particulièrement anciens. Comme on l'a déjà relevé en introduction, on trouve régulièrement dans certaines incantations d'amour, une phrase du type : « qu'il (elle) ne mange plus, ne boive plus, ne dorme plus… ». Cela se retrouve dans toute l'Europe occidentale dès le Moyen Âge, et dans l'Antiquité dans les papyrus magiques grecs[127].

---

[126] Ivanova et Stroganov, 2003, p. 471, n° 632, région de Tver, collecté en 1920.
[127] Toporkov, 2009, p. 132-139.

Bibliographie

T. A. Agapkina, *Vostočnoslavjaneskie lečebnye zagovory v sravnitel'nom osveščenii. Sjužetika i obraz mira,* 2010, Moscou, Indrik.

Tatiana Agapkina, Vladimir Karpov, Andrey Toporkov, « The Slavic and German Versions of the Second Merseburg Charm » , *Incantatio,* 3 , 2 0 1 3 , http://www.folklore.ee/incantatio/Incantatio_2013_AKT. pdf

T. A. Agapkina et A. L. Toporkov, *Vostočnoslavjanskie zagovory. Materialy k funkcional'nomu ukazatelju sjužetov i motivov. Annotirovannaja bibliografija,* 2014, Moscou, Indrik.

Lise Andries et Geneviève Bollème, *La Bibliothèque bleue. Littérature de colportage,* 2003, Paris, Laffont, « Bouquins ».

Augustus Audollent, *Defixionum tabellae, quotquot innotuerunt tam in graecis orientis quam in totius occidentis partibus praeter atticas in* corpore inscriptionum atticarum *editas,* 1904, Paris, Fontemoing.

A. Bajburin, « Quelques aspects de la mythologie de l'île », *Cahiers slaves* n° 7, *L'île et le sacré dans la Russie du Nord,* 2004, http://www.recherches-slaves.paris-sorbonne.fr/Cahier7/Bajburin.htm

André Bernand, *Sorciers grecs,* 1995, Paris, Hachette, « Pluriel ».

Hans Dieter Betz, *The Greek Magical Papyri in Translation.*

Including the Demotic Texts, 1986, Chicago, University of Chicago Press.

Anton Maria Bonucci, *Istoria di S. Apollonia vergine e martire alessandrina,* 1712, Rome.

Edina Bozoky, *Charmes et prières apotropaïques,* 2003, Turnhout, Brepols.

Alexander Carmichael, *Carmina Gadelica. Hymns and Incantations,* vol. II, 1900, Édimbourg.

Pierre Chevet et al., « Un étang sacré à *Vindinum* / Le Mans (Sarthe) », *Gallia,* 71, 2, 2014, p. 125-162.

Eleonora Cianci, *Incantesimi e benedizioni nella letteratura tedesca medievale (IX-XIII sec.),* 2004, Göppingen, Kümmerle Verlag.

Marijana Cibranska-Kostova et Elka Mirčeva, *Zajkovski trebnik ot XIV vek. Izsledvane i tekst,* 2012, Sofia, Izd. Valentin Trajanov.

François-Xavier Dillmann, *Les Magiciens dans l'Islande ancienne. Études sur la représentation de la magie islandaise et de ses agents dans les sources littéraires norroises,* 2006, Paris, Société des Études nordiques.

P. S. Efimenko, *Materialy po etnografij russkago naselenija Arxangel'skoj gubernij, 2, Narodnaja slovesnost',* 1878, Moscou.

E. N., Eleonskaja, *Skazka, zagovor i koldovstvo v Rossii,* 1994, Moscou, Indrik.

Rebecca M. C. Fisher, « The Anglo-Saxon Charms : Texts in Context », *RMN Newsletter,* spécial issue 4, 2012, p. 108-125.

Benjamin W. Fortson, *Indo-European Language and Culture. An Introduction,* 2004, Wiley-Blackwell.

Michel Gillet, « Les dents dans le folklore du Centre-Ouest », *Bulletin de la Société d'Études folkloriques du Centre-Ouest et sa publication patoise « Le Subiet »,* t. III, 3,

1968, p. 51-76

Fritz Graf, *La Magie dans l'Antiquité gréco-romaine. Idéologie et pratique,* 1997, Paris, Hachette, « Pluriel ».

Gremoire du pape Honorius, avec un recueil des plus rares secrets, 1670 [en fait : XVIIIᵉ siècle], Rome.

Jacob Grimm, *Teutonic Mythology,* vol. 3, 1883, Londres, W. Swan Sonnenschein & Allen.

Christian-J. Guyonvarc'h, *Magie, médecine et divination chez les Celtes,* 1997, Paris, Payot.

Tony Hunt, *Popular Medicine in Thirteenth-Century England. Introduction and Texts,* 1990, Woodbridge, Wolfeboro N. H., D. S. Brewer.

S. A. Inikova, *Russkie Rjazanskogo kraja,* 2 vol., 2009, Moscou, Indrik.

I. E. Ivanova et M. V. Stroganov (éd.), *Fol'klor Tverskoj gubernii. Sbornik Ju. M. Sokolova i M. I. Rožnovoj. 1919-1926 gg.,* 2003, Saint-Pétersbourg, Nauka.

Linda J. Ivanits, *Russian Folk Belief,* 1989, New York, M. E. Sharpe Inc.

Bengt af Klintberg, *Svenska trollformler,* 1965, Stockholm, Wahlström & Widstrand.

V. L. Klyaus, *Ukazatel' sjužetov i sjužetnyx situacij zagovornyx tekstov vostočnyx i južnyx Slavjan,* 1997, Moscou, Nasledie.

Vladimir Klyaus, « On Systematizing the Narrative Elements of Slavic Charms », *in* Jonathan Roper (éd.), *Charms, Charmers and Charming. International Research on Verbal Magic,* 2009, New York, Palgrave Macmillan, p. 71-86.

Iulia Krasheninnikova, « Charms and Incantational Magic of the Northern Russians (In Records of the Early Twenty-first Century) », *Folklorica,* vol. 14, 2009, https://journals.ku.edu/index.php/folklorica/article/view/3

816
Patrice Lajoye, « Balor et Yspaddaden Penkawr de par le monde. À propos du motif F571.1 » , *Nouvelle Mythologie comparée*, 2, 2014, http://nouvellemythologiecomparee.hautetfort.com/archive/2014/06/29/patrice-lajoye-balor-et-yspaddaden-penkawr-de-par-le-monde-5400923.html

Patrice Lajoye, *Perun, dieu slave de l'orage*, 2015, Lisieux, Lingva.

Viktoriya et Patrice Lajoye, *Ilya Mouromets et autres héros de la Russie ancienne*, 2009, Toulouse, Anacharsis.

Viktoriya et Patrice Lajoye, *Sadko et autres chants mythologiques des Slaves de l'Est (Biélorussie, Russie, Ukraine)*, 2015, Lisieux, Lingva.

Patrice Lajoye, *L'Arbre du monde. La cosmologie celte*, 2016, Paris, CNRS Éditions.

Pierre-Yves Lambert, « Magie antique et magie populaire : le cas des defixions judiciaires », *Ollodagos*, XXVI, 2012, p. 3-44.

Pierre-Yves Lambert, « Chartres 2011 : essai d'interprétation », *Études celtiques*, XXXIX, 2013, p. 135-160.

Claude Lecouteux, *Le Livre des grimoires*, 2005, Paris, Imago.

Claude Lecouteux, « Typologie des formules magiques », *Incantatio*, 2, 2012, http://www.folklore.ee/incantatio/Incantatio_2012_1_Lecouteux.pdf

Claude Lecouteux, *Le Livre des guérisons et des protections magiques. Deux mille ans de croyances*, 2016, Paris, Imago.

Michel Lejeune, « Pour un fichier des 'EBNI' (écritures bizarres non identifiées) », *Comptes rendus des séances de l'Académie des Inscriptions et Belles-Lettres*, 1983, 127, 4, p. 697-701.

Marc Leproux, *Dévotions et saints guérisseurs*, 1957, Paris, Presses universitaires de France.

L. Majkov, *Velikorusskija zaklinaija*, 1869, Saint-Pétersbourg, Tipografija Majkova.

Rosen R. Malčev, « Kalendarno-obredna semantika na narodnata prikazka 'Bolen sdrav nosi' » , *Etnologija i demonologija,* 2007, Sofia, Imprecarsko-isdatelska Kosha, p. 64-78.

V. Malyšev, Polnoe sobranie etnografičeskix trudov Aleksandra Evgenieviča Burceva, t. 1, 1910, Saint-Pétersbourg.

Todor Mollov, « Bolgarskite legendarni predanija za Rim-papa » , *Etnologija i demonologija,* 2007, Sofia, Imprecarsko-isdatelska Kosha, p. 48-63.

M. N. Moskalenko (éd.), *Ukrajns'ki zamovljannja,* 1993, Kiev, Dnipro.

L. G. Nevskaja, T. N. Svešnikova, V. N. Toporov (éd.), *Zagovornyj tekst. Genezis i struktura,* 2005, Moscou, Indrik.

Charles Nisard, *Histoire des livres populaires ou de la littérature de colportage,* 2ᵉ éd., t. 2, 1864, Paris, Dentu.

Daniel Ogden, *Magic, Witchcraft, and Ghost in the Greek and Roman Worlds. A Sourcebook,* 2002, Oxford, Oxford University Press.

A. Pančenko, « L'île, la navigation et la nef dans le folklore religieux russe » , *Cahiers slaves* n° 7 , *L'île et le sacré dans la Russie du Nord,* 2004, http://www.recherches-slaves.paris-sorbonne.fr/Cahier7/Pancenko.htm

Jean Perrier, « Sépulture gallo-romaine et tablette magique de la Védrenne à Nedde (Haute-Vienne) » , *Travaux d'Archéologie Limousine,* 13, 1999, p. 59-70.

Pieter Plas et Aleksey V. Yudin, « Aspects of Historical Poetics and Pragmatics of Slavic Charms », *Folklorica,* vol. 14, 2009, https://journals.ku.edu/index.php/folklorica/article/view/3 815/3653

K. Preisendanz et Albert Henrichs, *Papyri Graecae. Die Griechischen Zauberpapyri,* 1974, 2 vol., Stuttgart, Teubner.

Valéry Raydon et Claude Sterckx, « Saint Goëznou et la fourche du Dagda », *in* André-Yves Bourgès et Valéry Raydon (dir.), *Hagiographie bretonne et mythologie celtique,* 2016, Marseille, Terre de Promesse, p. 69-160.

Louis Renou, *Études védiques et pāṇinéennes,* XV, 1966, Paris, De Boccard.

Russkie skazki i pesni v Sibiri. Zapiski Krasnojarskogo podotdela Vostočno-Sibirskogo otdela Imperatorskogo Russkogo Geografičeskogo Obščestva po etnografii 1902 i 1906 gg., 2000, Saint-Pétersbourg, Tropa Trojanova.

Boris Rybakov, *Jazyčestvo drevnix Slavjan,* 1981, Moscou, Nauka, trad. *Le Paganisme des anciens slaves,* 1994, Paris, Presses universitaires de France.

I. P. Sakharov, *Skazanija russkogo naroda, sobrannye I. P. Saxarovym. Narodnoe černoknižie, igry, zagadki, prislov'ja i pritči, narodnyj drevnik, prazdniki i obyčai,* 1990 (1re éd. 1885), Moscou, Xudožestvennaja literatura.

Paul Sébillot, *Folklore de France,* 1904-1906, Paris, Guimolto.

Zmago Šmitek, « The image of the real world and the world beyond in the Slovene folk tradition » , *Studia Mythologica Slavica,* 2, 1999, http://sms.zrc-sazu.si/En/SMS2/Smitek2.html

Ronald E. Surtz, « A Spanish Midwife's Uses of the Word : The Inquisitorial Trial (1485/86) of Joana Torrellas », *Mediaevistik,* 19, 2006, p. 153-168.

J. D. H. Temme, *Die Volkssagen von Pommern und Rügen,* 1840, Berlin.

S. M. Tolstaja, « Ritm i inercija v strukture zagovornogo

teksta », *in* Nevskaja, Svešnikova et Toporov (éd.), 2005, p. 292-308.

N. I. Tolstoï, « Iz nabljudenij nad Polesskimi zagovorami », *in* N. I. Toltsoï (éd.), *Slavjanskij i Balkanskij fol'klor. Duxvnaja kul'tura Poles'ja na obščeslavjanskom fone,* 1986, Moscou, Nauka, p. 135-143.

Ernst F. Tonsing, « A Celtic Invocation: *Cétnad nAíse* », *eKeltoi,* 8, 2 0 1 4, http://www4.uwm.edu/celtic/ekeltoi/volumes/vol8/8_1/to nsing_8_1.html

Andrei Toporkov, « Russian Love Charms in a Comparative Light », *in* Jonathan Roper (éd.), *Charms, Charmers and Charming. International Research on Verbal Magic,* 2009, New York, Palgrave Macmillan, p. 121-144.

A. L. Toporkov, *Russkie zagovoy is rukopisnyx istočnikov XVII – pervoj poloviny XIX v.,* 2010, Moscou, Indrik.

Andrei Toporkov, « Verbal Charms from a Seventeenth-Century Manuscrit », *Incantatio,* 2, 2 0 1 2, http://www.folklore.ee/incantatio/Incantatio_2012_1_Top orkov.pdf

T. V. Toporova, « Dr.-angl. *Erce, eorÞan modor* – russk. *mat' syra zemlja* », *in* Nevskaja, Svešnikova et Toporov (éd.), 2005, p. 102-111.

Anne-Marie Tupet, *La Magie dans la poésie latine. Des origines à la fin du règne d'Auguste,* 2009, Paris, Les Belles Lettres.

Daiva Vaitkevičienė, *Lietuvių užkalbėjimai : gydymo formulės. Lithuanian Verbal Healing Charms,* 2008, Vilnius, Lietuvių literatūros ir tautosakos institutas.

M. N. Vlasov et V. I. Žekulina (éd.), *Tradicionnyj fol'klor Novgorodskoj oblasti. Skazki, legendy, predanija, vylički, zagovory (po zapisjam 1963 – 1999 g.),* 2001, Saint-Pétersbourg, Aletejja.

Geneviève Xhayet, *Médecine et arts divinatoires dans le monde bénédictin médiéval à travers les réceptaires de Saint-Jacques de Liège,* 2010, Paris, Classiques Garnier (Savoirs médiévaux 2).

M. Zabylin, *Russkij narod. O obyčai, obrjady, predanija, sueverija i poezija,* 1880, Moscou.

M. V. Zav'jalova, « Model' mira v litovskix i russkix zagovorax 'ot zmei' (sopostavitel'nyj analiz » , *Balto-Slavjanskie issledovanija,* 1998-1999, 2000, p. 197-238.

Table des matières

www.ingramcontent.com/pod-product-compliance
Lightning Source LLC
Chambersburg PA
CBHW072241290326
41934CB00008BB/1374